LA GRACIA ABUNDANTE DE DIOS

LA GRACIA ABUNDANTE DE DIOS

TERRY VIRGO

"Pocos libros he visto que pueda recomendar de todo corazón."

—Rev. Dr. R.T. Kendall

NEWFRONTIERS USA
SAINT LOUIS, MISSOURI

Título original:
God's Lavish Grace

© Terry Virgo 2004
El derecho de Terry Virgo de ser identificado como el
autor de esta obra ha sido aseverado por él de acuerdo
con la ley de Derechos, Diseños y Patentes de 1988.

Todos los derechos reservados.

Ninguna parte de esta publicación puede ser reproducida en
ninguna manera o por ningún medio electrónico o mecánico
incluyendo el fotocopiado, grabado o almacenado en sistemas
de información sin el permiso por escrito del editor.

Publicado originalmente en el Reino Unido
en 2004 por Monarch Books.

Esta edición en Español 2010

Todas las citas Bíblicas son de la Nueva Versión Internacional.

UK ISBN 978-1-85424-645-5
US ISBN 978-0-8254-6053-1
MX ISBN 978-0-9814803-9-8

Publicado por:
Newfrontiers USA
P.O. Box 2626, Saint Louis, Missouri 63116

Diseño de la portada:
Jodi Hertz

Impreso en los EE.UU.

Traducción por:
Montserrat Gonzalez Valdes

El formato del libro fue hecho por:
Dan Brindley y Renee Scott

Editado por:
Wes y Malena Swarthout

CONTENIDO

	Agradecimientos	7
	Prefacio	9
1.	La entrada	11
2.	Entonces ¿para qué sirve la ley?	21
3.	El regalo de la justicia gratuita	31
4.	¿Debemos continuar pecando?	41
5.	¿Eres libre o no?	53
6.	Una conciencia limpia de obras muertas	63
7.	¿Qué he hecho para merecer esto?	77
8.	Por la gracia de Dios soy lo que soy	89
9.	La gracia y la cultura actual	99
10.	La gracia nos enseña a decir "No"	111
11.	La gracia de la disciplina	119
12.	Mantenerse en sintonía con el Espíritu	129
13.	La gracia de dar	139
14.	H. T. M.	153
15.	Gracia que no suelta	163
16.	Gracia futura	177
	Bibliografía	189

Agradecimientos

Tengo una gran deuda de gratitud hacia todos aquellos que me han ayudado a moldear y confirmar mi forma de pensar en el tema de la gracia, a través de sus escritos, conversaciones y vidas liberadas. Le doy gracias a Dios por cada uno de ellos.

También estoy profundamente agradecido con Dios por el privilegio de estar plantado en una iglesia llena de gracia. La iglesia de Cristo El Rey en Brighton ha sido mi hogar por 25 años y de ahí he tenido el privilegio de viajar ampliamente para compartir este mensaje. Nuevas Fronteras es la familia de iglesias en las que he servido por más de 30 años. Están dispersas entre las naciones, celebrando la gracia de Dios con expresiones de alabanza, obras y testificando de la bondad de esa gracia; estoy profundamente agradecido a cada uno en esta familia que sigue extendiéndose.

Finalmente, quiero expresar de todo corazón, mi genuino agradecimiento a mi secretaria, Janis Peters, quien ha tecleado y vuelto a teclear el manuscrito de este libro. Su eficiencia y entusiasmo maravilloso han hecho posible traer este material a ustedes.

Permisos

Extracto tomado de la canción "The Grace of God" por Judy Pruett (página 78/79).
Derechos reservados © 1990 Judy Pruett/Kingsway Music.
Administrado por Kingsway Music. tym@kingsway.co.uk
Europa y Comunidad de naciones británicas (excluyendo Canadá).
Usado con permiso.

Extracto tomado de un poema de Madame Guyon (página 124).
T.C. Upham, *The Life of Madame Guyon,* James Clarke & Co.
Usado con permiso.

Extracto tomado de la canción "Purify my Heart"
por Brian Doerkson (página 156).
© 1990 Vineyard Songs (Canada) & Mercy/Vineyard Publishing
Admin. in North America by Music Services o/b/o Vineyard Music
Todos los derechos reservados. Usado con autorizacion.

Prefacio

Yo había sido cristiano por aproximadamente 16 años, antes que mis ojos se abrieran a la verdad acerca de la gracia de Dios, en una forma que cambió mi vida.

Mi experiencia como cristiano comenzó con 5 años de apostasía, seguidos de aproximadamente 11 años de celo cristiano motivado por condenación. Me fui involucrando más y más en el servicio a Dios, dejando mi trabajo secular por el evangelismo de tiempo completo, seguido de la escuela bíblica y algunos años de ministerio pastoral.

Un día, vi un cielo brillante entre las nubes que había sobre mí, pero rápidamente se cerró. Momentáneamente pensé que había oído a Dios diciéndome que no necesitaba ganarme su amor, ¡que Él me amaba libremente y que siempre lo haría! Pero eso era demasiado bueno para ser cierto y regresé a mi actitud basada en el desempeño, celo, pasión por Dios y fervor en servirle, mezclado frecuentemente con condenación.

Algún tiempo después, las nubes se abrieron nuevamente y estuve seguro que veía algo nuevo y gloriosamente liberador. Comencé a entender la maravilla de su gloriosa gracia. Me di a la tarea de estudiar nuevamente y comencé a predicar de la gracia de Dios con nueva libertad, gozo y certeza, habiendo experimentado personalmente, una completa transformación en mi propia vida cristiana.

Ha sido mi gozo y privilegio por varios años, el proclamar la gracia de Dios en diferentes naciones y ha sido mi deleite el ver muchas vidas transformadas a través de esta maravillosa verdad. Pocos gozos se pueden comparar con el descubrimiento de la maravilla de la gracia de Dios. Ahora pongo este material delante de usted, seguro de que, si lo lee con un corazón abierto y un espíritu deseoso, su experiencia con Cristo también puede ser transformada. Puede ser libre para gozar su gracia, celebrar su amor, estar seguro de su justicia que ha sido dada libremente y darlo a conocer a otros.

La gracia de Dios reta nuestra comprensión. Su bondad es insondable, su amor comprometido e inquebrantable. Que usted experimente el amor de Dios en una nueva y liberadora forma conforme lea el libro que se encuentra en sus manos.

Terry Virgo
Enero 2004

1

La entrada

Quizá tú eres uno de los muchos cristianos que desean estar más satisfechos en su caminar con Dios. Quizá te preguntas si estás haciendo lo suficiente para merecer su gozo y ganar su aceptación: aún cuando tratas de orar, hay nubes de condenación rondando alrededor de ti. La lectura de la Biblia se ha convertido más en una obligación que en un placer.

¿Cómo sales de este círculo vicioso de esforzarte más, seguido por la decepción y el desaliento? ¿Hay algo en que has fallado en tu entendimiento, una llave que pueda abrir una nueva puerta para tí?

Este capítulo inicial muestra el cómo salir de la esclavitud de guardar la ley, hacia una vida llena de fruto donde se goza de la gracia de Dios.

La entrada

Ciertamente depende de a quién conoces. Yo estaba parado junto con mi esposa Wendy, en la Avenida Pennsylvania en la ciudad de Washington DC, viendo hacia la Casa Blanca. Tenía razones para creer que posiblemente pudiera entrar a ese lugar y conocer sus recintos internos. Habíamos arribado con una promesa, pero con incertidumbre de cómo se darían las cosas. Conforme Wendy y yo nos aproximábamos a las rejas que rodean los jardines del magnífico edificio, se nos aproximó un policía grande y a diferencia de los policías ingleses, iba bien armado con una pistola en su cadera. Nos preguntó que a dónde pensábamos que íbamos a ir. Le contesté tentativamente que esperábamos entrar a la Casa Blanca.

Nos miró con compasión y le dejó muy claro a este tonto inglés, que nadie entra solo a la Casa Blanca.

Le expliqué que era un predicador y que ésa mañana había predicado en la Iglesia Covenant Life en la cercana Gaithersburg y se me había asegurado que podría tener acceso a la Casa Blanca, por medio de un señor que era miembro de esa iglesia.

"¿Y quién es ese hombre?" Me preguntó.

"Creo que se llama Juan," le contesté patéticamente.

Nunca me había sentido tan descalificado para conseguir una ambición, como esta vez. En ese preciso momento Juan llegó. Bajándose rápidamente de un taxi, corrió a nuestro lado. De hecho yo no sabía quién era, porque no lo conocía. Él era simplemente un miembro de una gran congregación donde yo había predicado en la mañana, pero se le habían dado instrucciones precisas y había llegado a encontrarnos a Wendy y a mí para llevarnos a la Casa Blanca. Presentó sus credenciales al policía quién las verificó en su computadora en una cabina cercana y maravilla de maravillas, la puerta se abrió y caminamos hacia adentro, no sólo de los jardines, sino de los recintos internos de la Casa Blanca. Se nos dijo que había 2 posibles recorridos, uno era el VIP que sobrepasaba el común. Pero fuimos privilegiados de ir más allá hasta del tour VIP y nos llevaron a la Oficina del Gabinete y aún a la puerta de la Oficina Oval. Un guardia muy amable nos explicó muchos de los detalles de las cosas ubicadas alrededor de la oficina y aún de aquellas que estaban sobre el escritorio del presidente Reagan. Era un gran privilegio.

Fue maravilloso obtener acceso por medio de la persona, en la que pusimos nuestra confianza.

Pablo nos dice que habiendo sido justificados por fe, tenemos paz con Dios a través del señor Jesucristo, por quién también hemos obtenido nuestra introducción por fe a su gracia, en la cual estamos parados (Romanos 5:1-2) Dios ha provisto de alguien quien nos da acceso a la gracia.

Nosotros siempre recordaremos nuestra visita a la Casa Blanca, claro que sólo fue una visita. Jesús nos trajo a un lugar donde podemos pararnos permanentemente. Estamos parados en la gracia a través del acceso que él ganó para nosotros. Jesús no sólo nos rescata de la ira venidera, no sólo perdona nuestros pecados, pero ha obtenido un lugar para pararnos en gracia, un lugar de aceptación total y seguridad, totalmente calificados y sin temor a ser descalificados o retirados forzadamente. Sus credenciales sobrepasan todo obstáculo que pueda pararse en nuestra contra. No necesitamos buscar en lo profundo de nuestro corazón, argumentos para forzar nuestra entrada. La única entrada es por su justicia perfecta y habiendo obtenido entrada, debemos aprender *a pararnos* en gracia.

Reinando en la vida

En el mismo capítulo (Romanos 5:17) Pablo habla del grandioso prospecto de "reinar en la vida". Promesas similares son que Cristo nos guiará en gloria (2 Corintios 2:14) y que nosotros somos vencedores por Él que nos amó (Romanos 8:37). Estas emocionantes frases describen la vida cristiana normal. Sin embargo, frecuentemente nos dejan con un sentimiento de condenación, más que de ánimo, sabiendo que nuestra vida no refleja lo que se nos ha prometido. Frecuentemente nos encontramos cara a cara con el hecho de que no "reinamos en la vida". Muy a menudo nos sentimos más como perdedores que ganadores, y más que reinando, sobrecogidos por la depresión y rechazo, con sentimientos de poco valor delante de los ojos de Dios, y hay que afrontarlo, ¡condenados!

"Si tan sólo pudiera reinar en la vida", es como nos sentimos. Algunas veces somos llevados a una crisis espiritual en nuestra vida, quizá en un evento especial, siendo expuestos a una predicación que nos confronta. Una vez más, nos arrepentimos, pidiéndole misericordia a Dios y si nuestra respuesta es de todo corazón, quizá seguimos con una fuerte determinación. Algunas veces sucede al comienzo de un nuevo año, cuando, después de un año de haber estado en sequedad espiritual, aceptamos el reto de un nuevo comienzo el primero de enero. Quizá alguien nos regaló un diario para Navidad. Cada página está blanca, limpia, sin mancha. Aún no hemos echado a perder el nuevo año, ni un sólo día del mismo. Si tan sólo pudiera ser mejor. Si tan sólo pudiera reinar en mi vida. Si tan sólo pudiera ser más que vencedor. ¿Por qué no puedo ser un vencedor y no un perdedor?

Tristemente, en este momento, muchos cristianos dan un paso que está plantado en una genuina aspiración a ser mejores, pero que es un paso triste por la puerta incorrecta, por el camino errado. Olvidando leer lo que el texto dice sobre "reinar en vida", tendemos a ser el blanco de este vivir, como si esto fuera el secreto. Quizá decidamos poner la alarma una hora más temprano cada mañana y estar firmemente decididos a orar más fervientemente, de una forma más disciplinada. Quizá después pensemos que este año vamos a leer más la Biblia, de principio a fin. Un nuevo plan de lectura. Yendo más allá, debería testificar a una persona diariamente. Lo hago mi propósito. Debo ser mejor. Si tan sólo pudiera cumplir las reglas que me puse a mí mismo, podré reinar en la vida. Si tan sólo pudiera vivir en base a éstas reglas, mi vida sería muy diferente.

Quizá puedas lograr unos cuantos días de éstos, pero antes de que Enero termine, las mismas reglas que tú te pusiste se están volteando contra ti y condenándote que ya estás atrasado en la lectura de la Biblia, que te has quedado dormido en tu tiempo devocional, o quizá te has hincado, pero no has encontrado la motivación, la comunión con Dios y sólo un angustioso sentimiento de ni siquiera saber cómo orar te invade. Tus metas espirituales te hacen sentir aún más descalificado, ya que no te traen gozo. ¿En dónde te has equivocado? ¿Por qué es tan difícil vivir la vida cristiana?

Uno de tus problemas es que no miraste detenidamente el texto que promete que "reinarás en vida" (Romanos 5:17). No habla sobre el nivel de tus tareas espirituales o de tu determinación personal. ¡Ciertamente no habla sobre reglas autoimpuestas para ayudarte a tí mismo, sino todo lo contrario! Sino que dice que, recibiendo la abundante gracia y el regalo de justicia, tú reinas en la vida, a través de Cristo Jesús.

El Ser no el Hacer

Tú reinas recibiendo la gracia abundante, no por someterte a las leyes. Es por tu posición que reinas en la vida. Es porque has obtenido gracia, no porque has logrado obtener méritos. Es por tu posición, no por tu rendimiento o desempeño. La imposición de leyes en tu vida nunca logra que reines. No hará que goces de una relación con Jesús, ni de una vida llena de gracia que es tan necesaria para que produzcas fruto para Dios.

Es crucial desde el principio que entiendas tu posición en relación con la ley. El apóstol Pablo quiere que tú estés seguro de esto, "Tú no estás bajo la ley, sino bajo la gracia" (Romanos 6:14). Él nos dice que "Cristo es el fin de la ley, para que todo el que cree reciba la justicia (Romanos 10:4). En su más extensa exposición sobre el tema de la ley (Romanos 7), Pablo muestra en imágenes muy vívidas tu anterior relación a la ley y el hecho de que Dios en su misericordia, te ha librado completamente de este reino opresivo.

En los primeros versículos de Romanos 7, Pablo describe a sus lectores el estar casado con la ley. La ley es descrita como un marido autoritario del que no hay escape. Como ya estás casado con la ley, ya no tienes opción para elegir otro marido, esto sería adulterio. Tú simplemente no puedes elegir ser parte de la novia de Cristo y reclamar a Jesús como tu marido. Tú ya tienes un marido, la ley, quién mientras vivas, tiene poder absoluto sobre ti. Sus mandamientos y requisitos son tan claros y te dejan muy consciente de tu constante fracaso.

Tristemente, este marido, tiene poca consideración. Sólo te muestra tus errores y tus deficiencias. Él señala tus impurezas y fallas. Es un marido poco atractivo, ya que a pesar de que constantemente te deja ver sus altos estándares y el querer que los cumplas, nunca te ayuda para lograrlo. Nunca viene en tu ayuda. Nunca te dice: "Déjame darte una mano", él simplemente está ahí, como una piedra, diciéndote que debes y que no debes hacer. No vale la pena discutir con él, porque sabes en tu corazón, que tiene la razón. Sus estándares son puros y santos. No puedes hallar mancha en ellos. Son extrañamente atractivos, pero tan lejos de alcanzar en el diario vivir.

Así que estás unida a un marido que te hace sentir

descalificada y miserable. Mientras vivas, no podrás casarte con nadie más y además para destruir cualquier esperanza de un futuro gozoso, Jesús nos dice que la ley nunca pasará. La ley nunca morirá. ¡Este marido nunca morirá! La puerta de esperanza fue cerrada en tus narices. Tú estarás permanentemente casada a un marido demandante, que te deja ver tus errores, que no levanta un dedo para ayudarte y que nunca morirá. ¡Qué futuro! ¡Qué terrible cautiverio! ¡Qué miserable vida a vivir!

De repente, Pablo cambia el argumento diciéndonos *no* que la ley pasará, sino que a través de la muerte de Cristo o más particularmente, por su cuerpo, ¡tú has muerto a la ley! (Romanos 7:4). Nunca morirá, pero a través de tu identificación con Cristo, al clamar a Él para salvación, al tú pedir a Cristo quién sufrió en la cruz y por el creer en su sangre derramada, tú eres justificado e incluido misteriosamente en Cristo, donde desde la perspectiva de Dios, tú has muerto con Él. Pablo hace entonces una declaración categórica de que, de una vez y para siempre tú has muerto a la ley. ¡Tu anterior marido no ha muerto, pero tú sí! Tú has sido liberado de él y de su control sobre ti.

En Romanos 7:6 Pablo continúa diciéndote que has sido liberado de su autoridad, como alguien que ha sido reclutado para el servicio militar y habiendo terminado su tiempo, es dado de baja del ejército. Él camina fuera de ahí libre, no más bajo el control del ejército. Uno se puede imaginar a un sargento que ve a un soldado dado de baja, sin darse cuenta que ya está fuera. El hombre camina libre, sin corbata con una chamarra sobre el hombro, silbando mientras que camina en total abandono. El sargento, viendo a éste despreocupado soldado, le grita, pensando imponer su autoridad una vez más. Imagina la gloriosa libertad del soldado dado de baja, que sólo le contesta: "¡Hasta luego sargento!" Imagina cada vena del cuello del sargento, mientras grita sus órdenes a los oídos sordos del soldado dado de baja sobre él, que ya no tiene ninguna autoridad. Tú también has sido dado de baja de la ley, no estás más bajo su control, no estás más casado a este marido.

Pero, ¿dónde te deja esto? ¿Eres simplemente libre? ¿Puedes simplemente ir por ahí, libre de reglas, reglamentos, leyes por las cuales vivir? Pablo no te deja en esa condición. Prosigue a explicar que "ustedes murieron a la ley mediante el cuerpo crucificado de Cristo, a fin de pertenecer al que fue levantado de entre los muertos. De este modo daremos fruto para Dios." (Romanos 7:4) Tú has sido hecho libre no sólo para vivir "la vida" sino para estar casado al "que fue levantado de entre los muertos". No hay duda de quién es éste. El señor Jesucristo se presenta a sí mismo como el novio, poderosamente vivo de entre los muertos. Habiendo sido libre de la esclavitud de la ley, puedes correr a los brazos de tu nuevo marido, que es de otra clase, uno lleno de gracia y bondad.

Liberado de un marido impotente

Jesús no sólo te recibe en sus brazos de amor, también trae nuevas posibilidades a tu vida para que puedas dar fruto para Dios. El dar fruto no era una posibilidad con tu anterior marido, no tenía cabida. Él simplemente te daba instrucciones, no vida. Él ponía estándares, más que impartir habilidades. De hecho, en Gálatas 3:21 Pablo deja muy claro que "Si se hubiera promulgado una ley capaz de dar vida, entonces sí que la justicia se basaría en la ley." ¡Tristemente la ley no podía impartir vida!

Si tan sólo la ley pudiera impartir vida. Si tan sólo la ley pudiera decir: "No des falso testimonio en contra de tu prójimo. No robes. No cometas adulterio" y por el sólo hecho de mandárnoslo, nos cambiaría, entonces no habría necesidad de más. Danos las reglas y seremos transformados. Danos las leyes y seremos cambiados. Pero la ley no imparte vida. Por decirnos que no codiciemos, la ley no nos detiene a no codiciar.

En fuerte contraste, Jesús se te ofrece como un marido que

imparte vida. Si te unes a Él puedes dar fruto para Dios. Jesús dice: "Permanezcan en mí, y yo permaneceré en ustedes. Así como ninguna rama puede dar fruto por sí misma, sino que tiene que permanecer en la vid, así tampoco ustedes pueden dar fruto, si no permanecen en mí. "Yo soy la vid y ustedes son las ramas. El que permanece en mí, como yo en él, dará mucho fruto; separados de mí no pueden ustedes hacer nada". (Juan 15:4, 5) Jesús es un marido que imparte vida. Te da la bienvenida a una relación de amor que causará que des fruto, cambiando tu interior. Sus palabras son espíritu y vida. El reinar en mi vida y caminar en gracia, aparecen como posibilidades reales, si no tienes que regresar a la ley. Pablo te asegura que el pecado no tendrá dominio sobre ti, porque ya no estás bajo la ley, sino bajo la gracia. (Romanos 6:14) entonces ¿por qué dio Dios la ley? ¿Que logra la ley?

Muchos argumentarán que la ley no te puede salvar, pero que se debe regresar a ella para tu santificación. Sólo la gracia salva, pero la ley es requerida para moldearte y hacerte santo. Ciertamente, la realidad es, todo lo contrario. La ley no imparte vida, no produce justicia. No puede santificar. La gracia no sólo te salva, sino que también te habilita para vivir una vida santa. Hasta que no estés totalmente libre de la atadura de la ley, tú nunca producirás una vida santa. Como Pablo argumenta en Gálatas 5:1 "Cristo nos liberó para que vivamos en libertad. Por lo tanto, manténganse firmes y no se sometan nuevamente al yugo de esclavitud". Este versículo en su contexto, está hablando sobre la esclavitud a la ley, no esclavitud al pecado.

Siendo éste el caso, podemos preguntar ¿por qué Dios nos dio la ley en primer lugar? Si la ley no puede producir santidad, entonces ¿qué es lo que la ley logra? Veremos esto en el siguiente capítulo.

2

Entonces ¿para qué sirve la ley?

Sí, como hemos visto, la ley no te salva ni te santifica, ¿por qué nos la dio Dios? El apóstol Pablo muestra que la ley está lejos de ser irrelevante y jugó un rol vital de preparación. Revela nuestra total pecaminosidad y nos dirige a Cristo.

Entonces ¿para qué sirve la ley?

Claramente, la ley no es para ser ignorada y ciertamente no pasará. Aunque el creyente no está más atado a la ley, es de vital importancia que se entienda el papel de la ley, particularmente en la vida del no creyente (incrédulo). Como Pablo le dijo a Timoteo "Ahora bien, sabemos que la ley es buena, si se aplica como es debido. Tengamos en cuenta que la ley no se ha instituido para los justos, sino para los desobedientes y rebeldes..." (1 Timoteo 1:8,9).

Entonces ¿qué logra la ley? Primero que nada hace una clara diferencia entre lo que es pecado y lo que no es. La ley marca la línea para nosotros. Pablo indica, "mediante la ley cobramos conciencia del pecado." (Romanos 3:20), añadiendo "si no fuera por la ley, no me habría dado cuenta de lo que es el pecado." (Romanos 7:7). El pecado no es simplemente un desorden social, es una ofensa en contra de Dios. No es una cuestión de consentimiento común o un estándar al que se llegó por consenso social. Dios define la ley y la ley revela el pecado.

Aunque hemos sido dotados por Dios con una conciencia humana (algo a lo que regresaremos más tarde), la conciencia no es infalible y puede ser abusada y manchada.

La conciencia puede ser moldeada por las cambiantes modas de la sociedad, en términos de lo que se convierte en aceptable o inaceptable en la cultura. Necesitamos algo mucho más objetivo que la conciencia. Necesitamos una plomada del cielo para decirnos del inmutable estándar divino. La ley satisface perfectamente este rol, dejando claro qué es aceptable e inaceptable para Dios. La ley por lo tanto, juega un papel crucial al identificar el pecado.

Pablo prosigue con una declaración inesperada, que la ley produce pecado. "Pero el pecado, aprovechando la oportunidad que le proporcionó el mandamiento, despertó en mí toda clase de codicia. Porque aparte de la ley, el pecado está muerto. En otro tiempo yo tenía vida aparte de la ley; pero cuando vino el mandamiento, cobró vida el pecado y yo morí. Se me hizo evidente que el mismo mandamiento que debía haberme dado vida me llevó a la muerte; porque el pecado se aprovechó del mandamiento, me engañó y por medio de él me mató" (Romanos 7:8-11).

La ley produce pecado

Sorprendentemente, la ley de Dios nos provoca a reaccionar, en vez de obedecer sumisamente. Algo en el corazón humano se rebela en contra de la santa ley de Dios. El mandamiento, que se suponía produciría vida, realmente produce rebelión y muerte. La humanidad caída, odia que se le diga qué hacer. Los periódicos muestran en las encuestas populares, que muchos aún creen en Dios. Los encuestadores se sorprenden de que las cosas no están tan mal como la gente piensa. La vasta mayoría ¡aún son creyentes! La gente al parecer, se muestra contenta en palomear el cuadrito donde se indica que aún tienen fe en Dios. Después de todo, a Dios no le va mal en las encuestas de popularidad – pero, ¿qué clase de Dios? ¿Sería diferente su respuesta si la pregunta fuera diferente o si ellos fueran confrontados con los requisitos de Dios, digamos su santa ley?

Pocos hombres y mujeres te darían las gracias por decirles que Dios dice que no deben tener otros dioses delante de Él, que no deben mentir, robar, cometer adulterio o codiciar los bienes de otros. Cuando se presentan los requerimientos de la ley "cobró vida el pecado" (Romanos 7:9). Esto se puede demostrar de la manera mas trivial. Aún un letrero de "No pisar el pasto", puede provocar resentimiento y rebelión. Tú quizás no tenías intención de caminar sobre el pasto, pero de repente, te encuentras preguntándote, ¿"Por qué no puedo caminar sobre el pasto? ¿De quién es el pasto de cualquier forma?" Lo prohibido se convierte en altamente atractivo y surge el compromiso esencial humano a la desobediencia. La ley, argumenta Pablo, no sólo define el pecado, también lo provoca.

Pablo, después de demostrar el potencial de la ley para provocar el pecar, rápidamente defiende la ley al decirnos que "la ley es santa y que el mandamiento es santo, justo y bueno." (Romanos 7:12). Pablo no quiere que malinterpretemos o que pensemos que él está en contra de la ley. Él sabe que "la ley es espiritual" (Romanos 7:14) y "buena" (Romanos 7:16). Pero Pablo prosigue a demostrar, que el propósito de Dios, es hacer plenamente claro, que el hombre sigue un calamitoso camino y en una condición tan caída que necesita más ayuda, que lo que las simples leyes pueden dar. Ciertamente, el hombre está tan mal, que no es ayudado al recibir la ley.

¡Añadir la santa ley de Dios nos hace peores!

Pablo lleva su argumento un paso más allá en Romanos 7:13 preguntando: "¿lo que es bueno se convirtió en muerte para mí? ¡De ninguna manera! Más bien fue el pecado lo que, valiéndose de lo bueno, me produjo la muerte; ocurrió así para que el pecado se manifestara claramente, o sea, para que mediante el mandamiento se demostrara lo extremadamente malo que es el pecado", este es un versículo difícil, pero uno que debemos tratar de entender.

Dios quiere dejar totalmente claro que el hombre en su pecado, es absolutamente pecaminoso. Añadirle la ley no lo mejora, sino que extrañamente lo hace aún peor.

Permítanme ilustrar esto. Imagina a alguien al que se le ofrece un vaso de agua para tomar, que supuestamente está pura pero no totalmente. Nuestra expectativa es que el vaso contiene agua buena para tomar, pero esto aún tiene que ser comprobado. Podemos probar el agua y pensar que probablemente esté buena, pero seguir con la incertidumbre. Entonces se sugiere que se añada algo al agua, que se sabe es puro y bueno, incuestionablemente no adulterado. Esperaríamos que añadiendo algo que es bueno, mejorara la calidad del agua, por lo que añadimos lo puro y bueno, anticipando un buen resultado.

Cuando probamos la nueva mezcla, para nuestra sorpresa, la bebida es repugnante y asquerosa. Entonces nos surgen grandes preguntas. ¿Cómo, algo que parecía bueno, si se le añade algo que es indudablemente puro y bueno, se convierta en algo totalmente intomable? ¿Qué hemos aprendido de este experimento? Porque sabemos que lo que añadimos es indiscutiblemente bueno, hemos aprendido que la bebida original, debe haber sido mucho más mala de lo que habíamos imaginado. Aunque el agua estaba dada por buena, la adición de algo indudablemente bueno, sacó a relucir la realidad. ¡Es agua mala!

El argumento de Pablo, es que la intención de Dios era que el pecado se viera como totalmente pecaminoso. Dios quería dejar muy claro, que el hombre no es esencialmente bueno y que simplemente necesita ser educado y tener reglas nobles. Ha demostrado que al añadir la ley al hombre natural, una ley que es santa, pura y buena, el resultado no es de mejora, sino rebelión, enemistad y muerte. La ley no viene a salvarnos, pero a mostrarnos nuestra necesidad de un Salvador. Satanás quiere engañarnos para que tratemos de probarnos santos, por la ley que Dios nos dio para probarnos pecadores. La ley vino a ponernos un tache, Jesús nos lo vino a quitar.

Para llevarnos a Cristo

Pablo argumenta en Gálatas, "Así que la ley vino a ser nuestra guía encargada de conducirnos a Cristo" (Gálatas 3:24). Pablo les escribió una carta llena de ánimo, abordándolos según J B Phillips como, "¡Queridos torpes Gálatas!" (Gálatas 3:1) (J B Phillips *Letters to Young Churches,* Fontana, 1947) Pablo había llevado a cabo un exitoso viaje evangelístico en Galacia, había visto a muchos ser salvos y formar una iglesia llena del Espíritu Santo, donde sucedían muchos milagros (ver Gálatas 3:5).

Habiendo establecido una vibrante comunidad neotestamentaria, Pablo prosiguió su camino, sólo para recibir noticias de que ésta iglesia joven, había recibido a maestros judaizantes, que querían imponer la ley a los nuevos conversos. Los judíos entendían que un día, las naciones más remotas verían la luz; los gentiles finalmente abandonarían sus ídolos y vendrían a abrazar al Dios de los judíos, como sus profetas habían prometido. Algunos judíos cristianos, aseguraban que sabían lo que era requerido de los nuevos conversos. Ellos sabían que por siglos el requisito de Dios había sido guardar la ley, observar el Sabbat, circuncidarse, guardarse de comer cosas prohibidas.

Ahora estos nuevos conversos gentiles, que habían abrazado al Dios de Israel, necesitaban ser enseñados en cómo añadir la ley a su nueva fe. En la ausencia de Pablo, los gálatas habían sucumbido a esta distorsión del evangelio y empezaban a abrazar signos externos de religiosidad, los cuales Pablo había llamado meras obras de la carne y han caído de la gracia (Gálatas 5:4). Para Pablo era muy claro que la ley había cumplido su tarea en mostrar la necesidad pecaminosa del hombre y el dirigirnos hacia Cristo. No había más necesidad de volver a la ley, si su trabajo ya estaba terminado. El hacer esto sería menospreciar el evangelio, predicar lo que Pablo no tuvo reparo en llamar otro evangelio, ¡que para nada era evangelio! (Gálatas 1:6-7)

Como hijos, tenemos todos los derechos

La perspectiva de Pablo era que, mientras que la gente de Israel era adolescente o quizá meros niños, necesitaban ser supervisados por la ley. Como dice en Gálatas 3:23 "Antes de venir esta fe, la ley nos tenía presos, encerrados, hasta que la fe se revelara". La ley era una medida temporal, para guardar al recién nacido pueblo de Dios.

Sin embargo cuando se cumplió el plazo, Dios envió a su Hijo, nacido de una mujer, nacido bajo la ley, para rescatar a los que estaban bajo la ley, a fin de que fuéramos adoptados como hijos (Gálatas 4:4,5). En el mundo antiguo, la adopción no sólo tenía lugar en el contexto cuando un niño aislado, era aceptado en una familia, también cuando el niño, dentro de un hogar, llegaba a la mayoría de edad, para que pudiera recibir todos los derechos como hijo (Gálatas 4:5). Hasta que éste acontecimiento se llevara a cabo, hasta que era "adoptado," el heredero de la familia no recibía todos los derechos de su filiación y era visto como un niño más en el hogar.

Imagine a un visitante, viendo a los niños jugar en el patio de una gran familia romana. Todos los niños, hermanos y hermanas, esclavos y otros se ven muy parecidos mientras juegan juntos. Pero uno es señalado como el heredero de toda la familia. Mientras juegan se ve como uno más. De hecho, vive como cualquier otro niño bajo la autoridad de una de las esclavas, cuya misión es ser la niñera. "El *paidagogos* era un esclavo encargado de supervisar al niño en su infancia. Era el responsable de su alimentación, vestido, forma de hablar y modales. Lo acompañaba a la escuela. Era un disciplinario y se le permitía administrar castigos corporales, de modo que a menudo era representado en los dibujos de la antigüedad, con una vara. (John Stott, *Calling Christian Leaders*, IVP, 2002).

El niño no tiene autoridad mientras aún es un niño, pero cuando llega el día de la adopción, él es elevado, señalado y dados todos los derechos de su heredad. Pablo argumenta que en la venida de Cristo, quien cumplió la ley, un nuevo día ha amanecido, en el cual has obtenido todos tus derechos como heredero. Siendo ahora un heredero, ¿cómo puedes volver a someterte a tu niñera? ¿Has entendido claramente lo que Dios ha hecho?

"¡Abba!, ¡Padre!"

Pablo lleva más allá el argumento diciendo que no sólo has recibido los derechos de un hijo, sino porque "Ustedes ya son hijos. Dios ha enviado a nuestros corazones el Espíritu de su Hijo, que clama: "¡Abba! ¡Padre!" (Gálatas 4:6) Ahora tienes tu garantía de ser hijo. El Espíritu Santo da testimonio de que eres hijo de Dios. El nuevo pacto ha comenzado y tú has entrado a una nueva relación con Dios, que supera la relación de los creyentes del Antiguo Testamento, con la ley. La vida en el Espíritu ha venido a reemplazar la vida en sujeción a la letra externa de la ley. El heredero ya no se relaciona más con la niñera, pero goza de un nuevo acceso íntimo y directo con su Padre, ayudado por el Espíritu Santo que mora en él.

Porque la ley ha hecho su tarea al traerte a Cristo, es de vital importancia que no vuelvas a la ley, fallando en comprender la nueva y gloriosa libertad a la cual has sido traído como hijo y heredero de Dios, con el testimonio del Espíritu Santo que confirma tus derechos como hijo.

Ya no estás bajo la ley, sino bajo la gracia (Romanos 6:14). No debes regresar a la ley, como si tu salvación no estuviera completa sin ella. Debes deleitarte en el don de la justicia que el nuevo pacto provee. Pablo estaba descorazonado con sus contemporáneos judíos, quienes aún estaban tratando de establecer su propia justicia basándose en la ley y no abrazando la que se obtiene mediante la fe en Cristo, la justicia que procede de Dios, basada en la fe. (ver Filipenses 3:9). En Romanos dice algo parecido "No conociendo la justicia que proviene de Dios, y procurando establecer la suya propia, no se sometieron a la justicia de Dios. De hecho, Cristo es *el fin de la ley,* para que todo el que cree reciba la justicia" (Romanos 10:3,4 — énfasis mío).

Tú nunca reinarás en la vida, ni serás libre de las nubes de condenación si no abrazas plenamente el don gratuito de justicia. Necesitas gozar en la gloriosa libertad de ser un hijo de Dios, totalmente aceptado, no en base a tu desempeño actual como poseedor de la ley, sino a través del don de la justicia que Cristo plenamente obtuvo a tu cuenta. Eres totalmente aceptado en el Amado.

Extrañamente, el añadir la ley echa fuera la gracia, distorsiona el Evangelio y te deja confundido y condenado. Pero gracias a Dios "ya no hay ninguna condenación para los que están unidos a Cristo Jesús" (Romanos 8:1), una verdad que investigaremos en el próximo capítulo.

3

El don gratuito de justicia

¿Cómo estar frente a un Dios santo y ser completamente aceptable? A través de la muerte y resurrección de Cristo, Dios encontró una forma de justificar libremente a aquellos que creen. Él te da su intachable y perfecta justicia como regalo. Jesucristo es nuestra justicia y Él es el mismo ayer, hoy y siempre.

En este capítulo descubrirás que ya no estás más en Adán sino en Cristo, y que su obediencia a la voluntad del padre te hace justo a los ojos de Dios.

El don gratuito de justicia

No sólo reinamos en la vida a través de la abundante gracia, sino por el don gratuito de justicia (Romanos 5:17). La justicia es una cuestión fundamental. El gozar de la gracia de Dios fluye de la certeza de que eres aceptado como justo delante de Él. Si no entiendes y abrazas de todo corazón el regalo de justicia que Dios te ha dado gratuitamente, serás siempre vulnerable al dedo acusador de Satanás.

Nunca olvidaré la primera vez que Dios me habló a través de Zacarías capítulo 3. Josué, el sumo sacerdote, estaba de pie ante el ángel del Señor y trágicamente, a pesar de ser el sumo sacerdote, estaba vestido con ropas sucias, que lo descalificaban de poder cumplir con su función sacerdotal de alabanza. Satanás estaba cerca para señalar su falla y llamar la atención de Dios, algo de lo que estaba constantemente consciente en mi propia experiencia. Uno puede imaginarse a Josué buscando una excusa o viendo cómo podía alegar su causa, pero antes de que pueda decir algo, Dios habla, reprendiendo a Satanás y proveyendo espléndidas ropas y una nueva mitra para que su sacerdote pueda pararse erguido en su presencia. ¡La boca acusadora de Satanás ha sido cerrada!

Dios es el que justifica

La historia demuestra la verdad que Pablo desarrolla después en Romanos 8, "Dios es el que justifica" (Romanos 8:33). Antes de que podamos justificarnos a nosotros mismos, Dios interviene y provee una justicia perfecta y completa que nos justifica permanentemente. Frecuentemente, cuando nos sentimos condenados tratamos de justificarnos a nosotros mismos, viendo nuestro actual desempeño. Tratamos de anotarnos puntos incrementando nuestros esfuerzos de santificación.

Muchas veces, esta confusión se establece desde el inicio de nuestra conversión. En vez de oír una clara proclamación del nuevo pacto, algunos oyen una mezcla de conceptos del viejo y del nuevo pacto. Imagina el siguiente escenario. Tú eres un individuo sin preocupaciones, que generalmente le hace frente a la vida. De repente, te ves trabajando junto a un cristiano nacido de nuevo, genuino, cuyo consistente e íntegro estilo de vida, paz y amistad te hace preguntarte muchas cosas. Sintiendo una mezcla de envidia y fracaso personal, mientras comparas tu vida con la de él, te armas de valor y le preguntas: ¿por qué eres tan diferente? y te dice que es cristiano y te invita a su iglesia.

A tu llegada, te sorprende el encontrar a otros como él, que se ven genuinamente en paz y que claramente se ve que están experimentando algún tipo de relación con Dios que los satisface y les ayuda en su vida. Tu primer reacción, bien podrá ser tratar de limpiar tu forma de vivir, pero rápidamente te das cuenta que no puedes cambiar. Conforme vas a la iglesia, sientes una creciente convicción de pecado.

Un día se enciende la luz. Por primera vez, oyes que Jesucristo murió por tus pecados y que puedes venir tal como eres, a Dios para tu perdón. Todos tus pecados pueden ser limpiados. Puedes saber que Dios te ha aceptado. Puedes estar seguro de tener vida eterna. Puedes venir a Dios e invitarlo a venir a tu vida. Quizá caminas al frente e invitas a Cristo a ser tu Salvador. Tú eres nacido de nuevo y tu gozo no conoce límites. ¡Esto es lo que has buscado por años!

Entonces un consejero te lleva aparte para darte información muy importante. Que ya eres un cristiano y que es muy importante que hagas unas cosas y que te abstengas de hacer otras. Necesitas leer tu Biblia todos los días. Necesitas pasar cierta cantidad de tiempo en oración. Quizá necesites considerar el cambiar el estilo de tu ropa o donde pasas el tiempo. Las reglas varían de lugar a lugar y de iglesia a iglesia, pero en realidad mucha gente, el día de su conversión se topa con una mezcla de libertad y cautiverio implícito. El aligeramiento de su carga, seguido rápidamente por la imposición de una nueva carga. Sí has encontrado libertad, pero también has encontrado una gran cantidad de nuevas reglas por las cuales vivir. Tristemente muchos, sienten que el gozar de su cristianismo, tendrá mucho que ver con su habilidad de guardar las reglas. El nuevo cristiano rápidamente se familiariza con el sentimiento de falta de valor e ineficiencia.

En muchas iglesias es la norma entre los cristianos. A menos que una iglesia haya sido invadida por una clara enseñanza de la gracia de Dios, la atmósfera que se respira es de falta de gozo y lejana de la ética de la iglesia primitiva.

¡Es un regalo!

Si no estás totalmente convencido que Dios te ha dado el regalo de justicia que te hace totalmente aceptado en Dios, estarás batallando constantemente con un sentimiento de descalificación y culpa. Tendrás miedo de no ser lo suficientemente santo, para ser aceptable delante de Dios y aquí es donde cometes un grave error. Es de vital importancia que distingas entre santificación y justificación. Cada cristiano ha luchado con sentimientos de condenación y es muy importante que utilices las armas correctas para pelear. Si tratas de resistir los sentimientos de falta de valor en base a tu santificación, nunca vencerás el dedo acusador de la condenación. Dios te ha provisto con una respuesta completa y adecuada, que no es la santificación, sino la justificación.

¡Dios te ha justificado libremente! Te ha aceptado completamente en su presencia, no por tu cambio de vida, sino por su placer de darte la justificación de Cristo. Ha ocurrido un intercambio fenomenal. Dios te ha reconciliado a través de la muerte de su hijo. "Al que no cometió pecado alguno, por nosotros Dios lo trató como pecador, para que en Él recibiéramos la justicia de Dios" (2 Corintios 5:21). La justicia de Dios, perfecta y sin mancha, ha sido acreditada a nuestra cuenta. La justicia de Cristo no es un concepto abstracto. Jesús de Nazaret caminó en esta tierra y nunca pecó. Nunca le pidió al Padre que lo perdonara. Nunca lamentó una palabra o proceder pecaminoso. Nunca tuvo que decirle "lo siento" a Dios o al hombre. Vivió día con día una vida de decisiones perfectas, hechos justos y bondad compasiva. ¡Una vida totalmente justa fue vivida en el planeta tierra por un hombre totalmente justo y su justicia ha sido acreditada a tu cuenta! Se llevó tu pecado y te dio su justicia.

El Antiguo Testamento nos preparó para este concepto, al instruirnos sobre la ofrenda de un cordero sin defecto. El cordero debía estar sano, sus miembros perfectos. Cuando el adorador llevaba el cordero para el sacrificio, no tenía miedo de que el sacerdote notara qué mal vestido iba o si sus ropas estaban sucias o rotas. No se sentía inseguro, ya que todos los ojos estaban sobre el cordero. ¿Encontraría el sacerdote falta en el cordero? Si el cordero era perfecto, era aceptado.

Alabado sea Dios, Él ha provisto un cordero perfecto para nosotros. No sólo Pilato no pudo encontrar falla en Él. Todo el cielo lo sabía inocente, puro y lejos del pecado. Como no se halló falta en nuestro cordero, somos totalmente aceptados.

Se dice de Juan Bunyan, autor de *El Progreso del Peregrino*, que un día estaba experimentando una época de depresión. Mientras caminaba, sintiéndose desanimado, tuvo una visión de Jesucristo. En ese momento entendió que Jesús era su justicia. Entendió de una nueva manera que si se sentía gozoso, robusto, contento en Dios, no podía añadir a la justicia de Cristo, ni si se sentía triste, descorazonado, podía quitar a la justicia de Cristo. De repente entendió con una nueva certeza y gozo que Jesucristo es su justicia y Él es el mismo ayer, hoy y siempre.

Día tras día debes vestirte con "la coraza de justicia" (Efesios 6:14), guardando tus emociones de las flechas encendidas del maligno. Porque Cristo ha anulado la deuda que teníamos pendiente por los requisitos de la ley. Él anuló esa deuda, clavándola en la cruz (ver Colosenses 2:14) así Él desarmó a los poderes y a las potestades (Colosenses 2:15). Has vencido al acusador que te acusaba día y noche, por medio de la sangre del Cordero y por el testimonio y por no valorar su vida como para evitar la muerte (ver Apocalipsis 12:10,11). La obra principal de Satanás contra el creyente, el arma que usa día y noche, es la acusación. Si no sabes cómo vencer sus acusaciones, te hundirás. Sucumbirás a sentimientos de fracaso y condenación. Debes pararte seguro ceñido con la coraza de justicia y el escudo de la fe que resiste todos los dardos de fuego. ¡La inmutable justicia de Cristo es tuya día con día y no depende de tus sentimientos o tu desempeño!

Aunque debiera ser tu continuo deseo el crecer en gracia y perfeccionar tu santificación, tú nunca debes combatir las tretas del enemigo para condenarte argumentando sobre tu santificación presente. La respuesta de Dios para la condenación es la justificación. No puedes estar condenado y ser justificado al mismo tiempo. Si el juez te declara no culpable, no hay condenación, y la promesa claramente declara que no hay ninguna condenación, para los que están unidos a Cristo Jesús (Romanos 8:1). Dios ha hablado. Tu aceptación en Cristo va más allá de cualquier argumento.

En Adán o en Cristo

El titulo favorito de Pablo para un cristiano es: uno que "está en Cristo". Por tu relación con Jesucristo tú obtienes los beneficios de todo lo que Cristo obtuvo para tí. Pablo argumenta que la raza humana estaba esencialmente "en

Adán", pero aquellos que ponen su confianza en el Señor Jesús, no están más "en Adán", sino "en Cristo". La nueva relación garantiza maravillosos beneficios, así como la vieja relación con Adán, era la raíz del problema original. En Romanos 5, Pablo contrasta los resultados de estar en Adán o en Cristo y ve a Adán como un "tipo" de Cristo. Como Douglas Moo dice: "La palabra 'tipo', denota a personas del Antiguo Testamento, instituciones o acontecimientos que tienen la divina función de prefigurar" (Douglas Moo, *The Epistle to the Romans*, NICNT, Eerdmans, 1996). Los predicadores frecuentemente se refieren al arca de Noé como un "tipo" de Cristo. Tenías que estar dentro del arca para salvarte. Algunos dirán que personas como Moisés o David fueron tipos de Cristo en su relación con el pueblo de Dios y su llamado a servir a Dios. Eran como Cristo en la misión que cumplieron y la persona que representaban. Frecuentemente José es visto como un "tipo" de Cristo por ser rechazado por sus hermanos, aparentemente muerto solo para ser vivo entre los muertos y establecido como la mano derecha del Faraón con plena autoridad. Estos "tipos" del Antiguo Testamento dan luz a la persona y obra de Cristo.

Sin embargo, es extraño considerar a Adán como un tipo de Cristo ya que era un pecador que le falló a Dios. ¿De qué forma ve Pablo a Adán como un tipo de Cristo? En Romanos 5 Pablo muestra que el pecado de Adán corrompió a la raza humana:

"…Por medio de un sólo hombre el pecado entró en el mundo,…" (Romanos 5:12)
"…por la trasgresión de un solo hombre murieron todos,…" (Romanos 5:15)
"…por la trasgresión de un sólo hombre reinó la muerte…" (Romanos 5:17)
"…como una sola trasgresión causó la condenación de todos…" (Romanos 5:18)
"…como por la desobediencia de uno sólo muchosfueron constituidos pecadores…" (Romanos 5:19)

Por el argumento de Pablo es evidente que el pecado de Adán produjo un pueblo impuro. Su desobediencia fue llevada a nuestra cuenta. Esta culpa fundamental no puede ser removida por cualquier cantidad de actividad religiosa. Hemos sido hechos pecadores por el pecado de Adán. Hemos sido condenados por su pecado. Necesitamos volver a empezar. Como Jesús le dijo a Nicodemo "Lo que nace del cuerpo es cuerpo" (Juan 3:16). Jesús fue mas allá diciendo "te aseguro que quién no nazca de nuevo, no puede ver el reino de Dios" (Juan 3:3), añadiendo "Tienen que nacer de nuevo" (Juan 3:7). Debes salir de Adán hacia Cristo. Mientras permanezcas en Adán, ninguna cantidad de actividad religiosa te salvará. Tu justicia permanece como trapos sucios. Todos tus intentos de vivir una vida santa no están a la altura de los requerimientos de Dios y tú, estás todavía arruinado por tu pecado. Simplemente no puede sacarte de Adán y por lo tanto permaneces culpable.

Pero Adán es un tipo de Cristo. Si tu vida estaba malograda por tu relación con Adán, ¿qué contrastante ganancia tienes por estar en Cristo? Una vez que estás en Cristo, te ha sido dada su justicia como un regalo. Como tu pecado resultó de tu relación con Adán, ahora tu justicia viene de tu nueva relación con Jesús.

> "… un solo acto de justicia produjo la justificación que da vida a todos" (Romanos 5:18)
> "…por la obediencia de uno sólo muchos serán constituidos justos" (Romanos 5:19)

Ahora Cristo es tu justicia. Como cuando estabas en Adán, tus esfuerzos para vivir una vida santa no te sacaron de ahí, sino que te dejaron siendo un pecador, así ahora en Cristo tus acciones pecaminosas no te excluyen de Cristo, pero te dejan aún justo en sus ojos. Es por la virtud de tu relación con Jesús que eres totalmente aceptado. Tus fallas personales no te sacan de Él y por lo tanto Su justicia sigue a tu cuenta.

El escándalo del evangelio es que Dios está dispuesto a justificar a los impíos. "Sin embargo, al que no trabaja, sino que cree en él que justifica al malvado, se le toma en cuenta la fe como justicia" (Romanos 4:5).

Disfruta tu libertad

Pero ¿no es ésta una doctrina muy peligrosa? ¿No da pie esto al descuido? ¿No significa que puedes seguir viviendo como te agrade y aún así ser considerado como justo? ¿No es esta una receta para desastre? Te puedes hacer la pregunta "¿Qué diremos? ¿Qué vamos a persistir en el pecado, para que la gracia abunde?" y habiéndote hecho la pregunta, quizá te suene familiar. ¿Dónde he oído esto antes? De hecho, lo has escuchado en Romanos 6:1 Pablo mismo se hace esta misma pregunta, porque el evangelio de la gracia es tan liberador que obliga que esta pregunta salga a relucir.

Como decía el Dr. Martyn Lloyd-Jones:

> "La verdadera predicación del Evangelio de salvación sólo por gracia, siempre da lugar a la posibilidad de que se lleve este cargo contra ello. No hay mejor prueba para saber si un hombre está realmente predicando el evangelio neotestamentario de salvación, que esto, que algunas personas puedan malinterpretar o entender mal y creer que realmente es eso, que porque ya eres salvo por gracia, no importa lo que hagas, puedes seguir pecando tanto como quieras, porque será más honor a la gloria de la gracia. Si mi predicación y presentación del evangelio de salvación no lo expone a ser malinterpretado, entonces no es el evangelio. Si un hombre predica justificación por obras, entonces nadie se haría esa pregunta" (Dr. Martyn Lloyd-Jones, *Romans: The New Man, An Exposition of Chapter 6,* Banner of Truth Trust, 1972)

El evangelio de la gracia donde la justicia es tan libre, da pie a preguntarse ¿por qué no seguir pecando como antes? En contraste total el mensaje de legalismo, jamás dará lugar a esta pregunta. El evangelio de la gracia es un mensaje de impresionante libertad. Debe ser aceptado con fe y acción de gracias. Eres totalmente acepto tal como eres. Jesucristo es tu justicia y Él nunca va a cambiar. Él es el mismo ayer, hoy y siempre. Mañana cuando despiertes, Él seguirá siendo tu justicia, antes de que hayas podido hacer nada para merecerte el favor de Dios. No tienes que ganarte nada. Tu espíritu tiene que disfrutar la brillante luz de esta realidad. Tienes que saberlo en tu interior y celebrarlo día con día.

Debido a que es tan libre, muchos predicadores temerosos del antinomianismo (negación a las leyes de moralidad) y de una actitud irreflexiva al pecado, son rápidos en añadir jinetes de advertencia que oscurecen el mensaje. Es mejor hacer una pausa antes de añadirle algo o antes de llegar a Romanos 6. Si confundes la enseñanza de Romanos 5 por pasar rápidamente a Romanos 6, puedes enturbiar el mensaje. Si confundes justificación con santificación estás en un grave problema.

Cuando era estudiante, ocasionalmente hacíamos dibujos con acuarela. Cuando pintábamos un paisaje, se nos enseñaba a comenzar con un azul claro desde la parte superior de la hoja. Debíamos dejar que se secara. La tentación era no esperar sino seguir pintando el resto del dibujo, añadir montañas y árboles antes de que el cielo azul se secara. El problema era que, si no esperabas a que se secara la pintura y añadías montañas verdes y árboles cafés, tú no creabas un bonito dibujo sino una terrible mezcla, al fusionar un color con otro en la hoja.

Era imperativo dejar que se secaran los colores. Entonces podías añadir otras cosas y completar el dibujo. Así es con el mensaje de la gracia. ¡Déjalo secar! No le añadas nada rápidamente. Deja que la maravilla de la gracia de Dios te inunde. Deja que su gracia te haga libre. ¡Deja que te lleve a una sensación mas profunda de su aceptación total por ti, tal como eres!

4

¿Debemos seguir pecando?

Una cosa es que te sepas perdonado, pero ¿cómo te liberas del poder del pecado, de viejos hábitos y patrones de pensamiento que han dominado tu vida?

Jesús prometió que la verdad te hará libre y la verdad es que tú has muerto a la esclavitud del pecado; tú has muerto con Cristo y has sido levantado con Él. Saber la verdad es crucial para tu libertad. Aplicar la verdad con fe y responsabilidad te llevará a un lugar de alegre libertad.

¿Debemos seguir pecando?

Una vez, estando yo predicando el mensaje de la gracia de Dios, un hombre en la congregación se levantó para interrumpirme. Se quejó diciendo "¡No había oído algo tan atroz en toda mi vida!" El escándalo del evangelio de la gracia, lo había ofendido de tal forma que no pudo quedarse callado.

Siendo honesto, su reacción me emocionó y con mucho respeto le pedí que se sentara, admitiendo que *casi* había entendido todo lo que yo había dicho y que si esperaba a escuchar todo el mensaje, estaba seguro que estaría contento. Escuchar sólo parte del mensaje de la gracia de Dios puede ser alarmante para cristianos sobrios y sonar totalmente irresponsable.

Habiendo terminado su enseñanza de Romanos 5, Pablo sintió la necesidad de hacer la pregunta de Romanos 6:1, ¿Qué concluiremos? ¿Vamos a persistir en el pecado, para que la gracia abunde? Seguida de su respuesta del corazón ¡De ninguna manera! (Romanos 6:2), o como J B Phillips traduce, "¡Que pensamiento más espantoso!" (J B Phillips, *Letters to Young Churches,* Fontana, 1947).

El hecho es que uno rara vez oye a los cristianos hacer tal pregunta – ¡o al menos no en público! Es más frecuente oír una pregunta que suena como el otro lado de la misma moneda. Va más o menos así, "Sé que Dios me ha aceptado. Sé que soy salvo, pero ¿cómo puedo ser realmente libre del poder del pecado?"

Se puede ilustrar con los israelitas en el tiempo del éxodo. Sabían que habían escapado la noche del juicio de Dios, al confiar en la sangre de los corderos de la Pascua puesta en sus puertas. El juicio había pasado y estaban a salvo, habiendo sido redimidos por la sangre de un cordero sin mancha.

Hay que notar que incidentalmente, la sangre debía ser puesta en *el exterior de sus casas*. La sangre debía ser vista por *Dios,* no para su beneficio. La sangre no era para hacerlos sentir bien o seguros. La sangre no era para sus emociones. La sangre era para satisfacer a Dios. Era para sus ojos solamente, tal como la sangre del sacrificio sería ofrecida después en el lugar santísimo, donde ningún otro hombre estaba presente. Dios dijo: "La sangre servirá para señalar las casas donde ustedes se encuentren, pues al verla pasaré de largo" (Éxodo 12:13). Tenemos paz, no porque nos sentimos bien, sino porque Dios está satisfecho con la sangre. Solo Él puede evaluar el valor de la sangre del cordero. Porque Él está satisfecho, nosotros tenemos paz.

No tendría sentido que los israelitas repetidamente abrieran la puerta para mirar la sangre y ver si se sentían mejor, más aceptables o con más valor. Esa noche, la sangre fue eficaz. En cada casa egipcia, el primogénito murió. En cada casa judía, la sangre del cordero los cubrió.

Habiendo sido liberados de juicio, los israelitas encontraron su camino obstruido por el Mar Rojo. Conforme los egipcios se acercaban, se iban dando cuenta que a pesar de haber sido "pasados de largo" por Dios, aún estaban cautivos en la tierra de la esclavitud. ¡No eran para nada libres! Muchos cristianos se sienten así: perdonados, pero aún esclavos, aceptos pero no libres de toda clase de pecados y hábitos que continuaban dominando sus vidas.

En Romanos 6, Pablo nos cuenta el secreto de la gloriosa

libertad que Jesús ganó para nosotros. Así como los israelitas fueron hechos libres de la esclavitud al bajar al valle del Mar Rojo y salir del otro lado, así los que están en Cristo, han sido liberados del poder del pecado para poder vivir una vida de victoria. Como Pablo confidentemente lo proclama en Romanos 6:14, "Así el pecado no tendrá dominio sobre ustedes, porque ya no están bajo la ley sino bajo la gracia".

Noten el proceso que Pablo da paso a paso a sus lectores. Quizá primeramente debiera señalar lo que Pablo no dice. Pablo no dice que nuestro problema es que estás tratando de esforzarte. Sólo debes dejar de esforzarte y relajarte. Todo lo que necesitas es "soltar y dejar a Dios actuar". Deja que Jesús lo haga en ti. Simplemente entrégaselo a Dios. Sólo ven al frente de la reunión y somete tu voluntad a la del Señor. Estas sugerencias son dadas frecuentemente a la gente que ansía crecer en el Señor, pero tristemente están en contra de la enseñanza del apóstol Pablo.

Conocer la verdad te hace libre

Pablo presenta tres pasos claramente. Primero, quiere que *sepas* algunas cosas. Jesús dijo, "y conocerán la verdad y la verdad los hará libres" (Juan 8:32) Conocer la verdad es esencial para tu crecimiento en Dios.

Pablo quiere estar seguro que sepas lo que se logró para ti, a través de la muerte de Cristo. "¿Acaso no saben ustedes que todos los que fuimos bautizados para unirnos con Cristo Jesús, en realidad fuimos bautizados para participar en su muerte?" (Romanos 6:3). Hace la pregunta: "Nosotros, que hemos muerto al pecado, ¿cómo podemos seguir viviendo en él?" (Romanos 6:2).

La verdad es que todos los que estamos en Cristo hemos "muerto al pecado". Hay que notar que Pablo no habla de una élite de cristianos, que tienen bendiciones extraordinarias y que han muerto al pecado y a su poder. Pablo no habla de *algunos* de nosotros, sino de *todos* nosotros. Esto es cierto para todos los que están en Cristo. No hay tres categorías: primero, los que están en Adán, segundo, los que están en Cristo y tercero, esos cristianos especiales, los que están en Cristo y han muerto al pecado. Pablo habla de todos los que están en Cristo.

Note también que no está hablando de una experiencia futura que ofrece una libertad, la cual le gustaría que tú persiguieras. El está hablando de algo en tiempo pasado, que ya ha sucedido a todos los que están en Cristo. Él vuelve a expresar la verdad de una forma un poco diferente en el versículo 6: "Sabemos que nuestra vieja naturaleza fue crucificada con él, para que nuestro cuerpo pecaminoso perdiera su poder, de modo que ya no siguiéramos siendo esclavos del pecado", y añade en el versículo 7: "porque el que muere queda liberado del pecado".

¿Sabías que tu viejo yo ha sido crucificado con Cristo y que ya no eres más esclavo del pecado? ¡Esta es una verdad que necesitas conocer! ¡El evangelio son buenas nuevas! Puedes argumentar: "No me siento muy liberado del pecado" o "Mi viejo yo no se siente crucificado con Cristo". Aquí es donde debes permitir que la verdad tenga plena autoridad sobre tus pensamientos. ¿Vas a creer que lo que Dios dice es verdad o de modo insistente vas a seguir a tus sentimientos? Quizá te ayude si te hago otra pregunta: ¿Crees que en el monte Calvario dos hombres fueron crucificados junto con Cristo, uno a la izquierda y otro a la derecha? ¿Por qué crees esto? Porque lo dice la Biblia. Ahora, tú tienes la misma autoridad para creer que tu viejo yo, fue crucificado junto con Él. ¡La Biblia lo dice!

Es de vital importancia, el cómo te veas a ti mismo. Cuando los israelitas llegaron a la tierra prometida, se nos dice que se vieron a sí mismos, como langostas (Números 13:31-33) y, por lo tanto, incapaces de heredarla. Dios no se agradó en la evaluación que hicieron de sí mismos y no les permitió entrar.

Recuerdo que siendo un cristiano joven, me sorprendí a mí mismo lleno de celos hacia otro cristiano que era parte del grupo de jóvenes de mi iglesia. Estaba plagado de una mala actitud hacia esta persona. Un día yendo en mi diario viaje por tren al trabajo en Londres, iba leyendo el pasaje de Romanos 6.

De repente la verdad me saltó a la vista con tremendo impacto. Mi viejo yo, había sido crucificado con Cristo, "porque el que muere queda liberado del pecado" (Romanos 6:7). Las personas muertas no sienten celos. Los muertos no se enojan si alguien más es alabado. ¡Los muertos son libres! Lo entendí con tanta fuerza que me reí en voz alta en el tren. Recuerdo que la gente me volteó a ver. Sin duda alguna pensaron: "!Qué chistoso, ése no sólo lee la Biblia, sino que se ríe de ella!", pero el hecho es que la verdad me ha liberado y hemos gozado de una excelente relación desde ese entonces.

Si Dios declara que eres libre, ¡tú eres libre! Como J B Phillips traduce Romanos 6:7 "No debemos nunca de olvidar que nuestro viejo hombre murió con él en la cruz, que la tiranía del pecado sobre nosotros puede ser rota – ya que un hombre muerto puede decirse inmune al poder del pecado (J B Phillips, *Letters to the Young Churches,* Fontana, 1947). Como hombres y mujeres de fe, has sido llamado a estar de acuerdo con Dios, como Abraham quien no se amedrentó por incredulidad acerca de las promesas de Dios, sino que se reafirmó en su fe y dio gloria a Dios, plenamente convencido de que Dios tenía poder para cumplir lo que había prometido (ver Romanos 4:20-21).

Considérate a ti mismo, muerto al pecado

Habiéndote recordado de cosas que debes de saber, Pablo te lleva a un segundo paso, el que te debes *considerar* a ti mismo como muerto al pecado (Romanos 6:11). Como lo traduce la Nueva Versión Internacional *"considérense* muertos al pecado." La palabra traducida como "considérate" o "cuéntate" es tomada del mundo contable y acarrea el significado de tener las cuentas en la columna correcta. Debes considerarte muerto al pecado, no para hacerlo que suceda, sino porque ya sucedió. Esto no es "mente sobre cuerpo" o el poder del pensamiento positivo. Pablo no nos dice que si lo piensas con suficiente fuerza, lo hará suceder. Él dice que porque es verdad, tú debes considerarlo como verdad y no permitir que tu mente regrese a tu antigua mentalidad.

Permíteme ilustrarlo. Puedes encontrarte en el aeropuerto de Barcelona llegando de Londres. El capitán indica que son las 4:00 pm. Miras tu reloj y claramente dice 3:00 pm. Tienes un buen reloj y está funcionando. ¿Por qué entonces el piloto dice que son las 4:00 pm, cuando tu reloj dice claramente que son las 3:00 pm? ¿Qué haces? Lo mantienes feliz pretendiendo que estás de acuerdo que son las 4:00 pm, cuando tú sabes a ciencia cierta que son las 3:00 pm? ¿Debes intentar fuertemente considerar que son las 4:00 pm? No. La realidad es que en España son las 4:00 pm. España está en diferente zona horaria que Inglaterra. Van una hora adelante, así que adelantas tu reloj para alinearte con la hora de España. De la misma forma, ahora estamos en Cristo y por lo tanto muertos al pecado. Vives en un lugar diferente, ¡así que cambia tu mentalidad! Cuando vas a otra zona horario cambias tu reloj. Cuando vas de Adán a Cristo cambias a una nueva vida donde te cuentas muerto al pecado, porque Dios dice que lo estás.

Asume tu responsabilidad

Pablo te dice el tercer paso a seguir: "Por lo tanto, no permitan ustedes que el pecado reine en su cuerpo mortal, ni obedezcan a sus malos deseos. No ofrezcan los miembros de su cuerpo al pecado como instrumentos de injusticia" (Romanos 6:12,13). El pecado anda en busca en donde reinar y Pablo te dice que no le permitas reinar en tu cuerpo mortal.

¿Por qué crees que usa la palabra "mortal"? ¿Por qué no dice solamente que no permitas al pecado reinar sobre tu cuerpo? Quizá usa la palabra "mortal" para recordarnos que nuestro cuerpo finalmente morirá – no es inmortal. A pesar de que has pasado de muerte a vida eterna, tu cuerpo no ha sido redimido. "Nosotros mismos, que tenemos las primicias del Espíritu, gemimos interiormente, mientras aguardamos nuestra adopción como hijos, es decir, la redención de nuestro cuerpo" (Romanos 8:23). Nuestros cuerpos aún deben ser redimidos. "En cambio, nosotros somos ciudadanos del cielo, de donde anhelamos recibir al Salvador, el Señor Jesucristo. Él transformará nuestro cuerpo miserable para que sea como su cuerpo glorioso, mediante el poder con que somete a sí mismo todas las cosas" (Filipenses 3:20-21). Hasta que obtengamos nuestros nuevos cuerpos "tenemos este tesoro en vasijas de barro" (2 Corintios 4:7). Tú has sido transformado y redimido pero tu cuerpo no. En el pasado, cuando estabas en esclavitud al pecado, el pecado era demostrado más que nada a través de tu cuerpo y tus miembros. Ahora Pablo da la instrucción, de no permitir al pecado reinar sobre tu cuerpo, ni usar tus miembros como instrumentos de pecado. Como un músico, el pecado anda en busca de un instrumento. No puede "hacer música", sin un instrumento. Como una persona renovada, tú debes tomar autoridad sobre tu cuerpo y sus miembros y rehusar permitir al pecado reinar sobre de él.

Antes de ser salvo, tu viejo yo y tu cuerpo estaban en acuerdo con el pecado. Ahora, como uno que ha sido liberado del pecado, debes tomar autoridad absoluta sobre tu cuerpo y sus miembros. Manos, ojos, lengua, labios y oídos, todos solían servir al pecado; ahora deben servir a la nueva vida que está en ti. Como hombre nuevo, debes tomar decisiones sabias sobre donde pasar tu tiempo, que leer, que permites a tus ojos mirar, y que permites a tus manos tocar. No eres más esclavo del pecado. Debes vivir tu libertad.

De hecho, Pablo hace una serie de afirmaciones categóricas. "Así el pecado no tendrá dominio sobre ustedes, porque ya no están bajo la ley sino bajo la gracia" (Romanos 6:14). Él reconoce que: "antes *eran* esclavos del pecado" (Romanos 6:17), pero ahora están en un nuevo lugar: "En efecto, habiendo sido liberados del pecado, ahora son ustedes esclavos de la justicia." (Romanos 6:18). Pablo hace un maravilloso anuncio, donde antes eras esclavo del pecado, ahora te has convertido en "esclavo de la justicia". Una vez más es importante notar el tiempo que Pablo usa. Esto es algo que te ha pasado. Solías ser esclavo del pecado, estabas a su entera disposición, sin libre albedrío, poseído y dominado por el pecado. Ahora te has convertido en esclavo de la justicia. Sirves a la justicia. La justicia domina tu vida y dirige tus días. Has sido comprado en el mercado de esclavos. No eres más un esclavo del pecado, le perteneces a un nuevo dueño. Tienes una nueva identidad y un nuevo dueño. Tu responsabilidad es rendirte y rendir tus miembros diariamente a tu nuevo amo. Como Jesús dijo: "Así que si el Hijo los libera, serán ustedes verdaderamente libres" (Juan 8:36).

Moisés no sólo guió a los israelitas a la Pascua, sino que a través del Mar Rojo y hacia la libertad de su esclavitud. De forma similar, los cristianos no sólo están cubiertos por la sangre de Cristo, su Pascua (1 Corintios 5:7), pero han sido liberados de la esclavitud, no más al servicio del poder del pecado. La gracia realiza un trabajo minucioso. La gracia de Dios te libera del pecado; no te anima a permanecer en él. "Así el pecado no tendrá dominio sobre ustedes, porque ya no están bajo la ley sino bajo la gracia" (Romanos 6:14).

Como Douglas Moo comenta de este versículo, "El párrafo que empieza con la pregunta "¿Debemos permanecer en pecado para que la gracia abunde?" termina con las buenas nuevas de que estamos bajo la gracia, para que el pecado sea vencido" (Douglas Moo, *The Epistle to the Romans*, NICNT, Eerdmans, 1996).

Dios no nos ha llamado a una vida de esclavitud, sino a una de vencedores.

5

¿Eres o no libre?

¿Somos realmente libres? ¿No reconoce Pablo en Romanos 7 que él estaba atado terrible y secretamente al pecado? Les predicaba a otros, pero ¿no tenía él problemas personales como el resto de nosotros?

Es muy importante que entendamos Romanos 7. En este capítulo examinaremos detenidamente los argumentos y citaremos una buena cantidad de estudiosos que sostienen que el evangelio en verdad te hace libre y que Romanos 7 no pretende confundir o decepcionar a nadie, sino señalar la impotencia de la ley para salvar o santificar.

¿Eres o no libre?

Probablemente no hay otro capítulo en el Nuevo Testamento, que de pie a tanto debate como Romanos 7. Pablo, que en el capítulo 6 ha declarado tu libertad de una forma gráfica y sin ningún tipo de compromiso, hace declaraciones en el capítulo 7, que a primera vista, podría parecer que totalmente contradicen lo que recién ha proclamado inequívocamente.

En el capítulo 6 dice:

"Nosotros, que hemos muerto al pecado, ¿cómo podemos seguir viviendo en él?" (Romanos 6:2)
"Nuestra vieja naturaleza fue crucificada con Él... de modo que ya no siguiéramos siendo esclavos el pecado" (Romanos 6:6)
"El que muere queda liberado del pecado" (Romanos 6:7)
"Considérense muertos al pecado" (Romanos 6:11)
"No permitan ustedes que el pecado reine en su cuerpo mortal" (Romanos 6:12)
"El pecado no tendrá dominio sobre ustedes" (Romanos 6:14)
"Habiendo sido liberados del pecado, ahora son ustedes esclavos de la justicia" (Romanos 6:18)

No sólo el capítulo 6 declara repetidamente tu libertad, sino que el capítulo 8 continúa en la misma forma diciéndote: "Por lo tanto, ya no hay ninguna condenación para los que están unidos a Cristo Jesús" (Romanos 8:1) y continúa diciéndote que: "la ley del Espíritu de vida te ha liberado de la ley del pecado y de la muerte" (Romanos 8:2).

Entonces ¿qué es lo que Pablo quiere decir, cuando en el capítulo 7 dice cosas como?:

"Yo soy meramente humano, y estoy vendido
  como esclavo al pecado" (Romanos 7:14)
"Yo sé que en mí, es decir, en mi naturaleza
  pecaminosa, nada bueno habita." (Romanos 7:18)
"De hecho, no hago el bien que quiero, sino
  el mal que no quiero" (Romanos 7:19)
"¡Soy un pobre miserable! ¿Quién me librará
  de este cuerpo mortal?" (Romanos 7:24)

Maestros piadosos, a través de las generaciones han diferido en la interpretación de este pasaje, por lo que es apropiado llegar a él con respeto y cautela. Ciertamente no tenemos espacio para hacer una investigación a fondo de cada punto, pero debo reconocer mi deuda a un número de respetables maestros.

Primero, sé que he sido profundamente impresionado por los argumentos presentados por el Dr. Martyn Lloyd-Jones (D Martyn Lloyd-Jones, *The Law, Romans* 7:1 - 8:4, Banner of Truth Trust, 1973) en el cual hace un fuerte argumento que Pablo en Romanos ha tratado con la vital justificación por fe y la voluntad de Dios de dar el regalo de justicia a los creyentes sin importar su condición actual (ej. Romanos 4:4-5). Dr. Lloyd-Jones argumenta que la enseñanza de Pablo sobre la maravillosa gracia de Dios levanta grandes preguntas en la mente del lector, dos en particular. Primero, si Dios está dispuesto a llamarnos justos, ¿podemos entonces seguir pecando? Pablo, como lo hemos visto, contesta esto en el capítulo 6. La segunda pregunta que surge es, ¿cuál entonces es el lugar de la ley? Si Dios está dispuesto a aceptarnos en virtud de nuestra fe en Cristo, ¿dónde entra la ley en el panorama? El capítulo 7 responde a esta pregunta. El Dr. Lloyd-Jones enseña que es esencialmente un capítulo sobre la ley, no un capítulo donde Pablo nos da su testimonio personal. Thomas Schreiner dice, "Mi punto de vista personal es que Pablo en este texto, no está delineando si creyentes o impíos son el objeto de la discusión. Su propósito es comunicar la inhabilidad de la ley para transformar a seres humanos" (Thomas R Schreiner, *Paul, Apostle of God's Glory in Christ,* IVP, 2001). Habiendo contestado las preguntas sobre la ley, en el capítulo 8 Pablo regresa a su tema que fluye bien de la conclusión de Romanos 5, después de 2 capítulos entre paréntesis.

Algunos han sugerido un punto de vista alternativo, en que el cristiano tiene que salir por experiencia de Romanos 7 hacia Romanos 8. Ellos señalan que Romanos 7 no hace mención al Espíritu Santo, y añaden que el conflicto interno de Romanos 7 es resuelto cuando uno personalmente experimenta la presencia del Espíritu Santo (mencionado en Romanos 8) y sale libre. Pero ésta enseñanza ignora la gloriosa libertad ya proclamada en Romanos 5 y 6, y abraza un concepto falso que Romanos 7 a 8 es un viaje que los cristianos deben tomar individualmente.

¿Puede ser éste el testimonio cristiano de Pablo?

Otro punto hecho por el Dr. Lloyd-Jones que me impactó grandemente es la seriedad y el peso de las palabras que se usan. Pablo no sólo dice estar consciente de experimentar días difíciles en su caminar cristiano, o que algunas veces se da cuenta de su conflicto interno, declaraciones con las que muchos cristianos se pueden identificar. Pablo parece estar confesando mucho más y utiliza enunciados muy dramáticos, como el ser esclavo del pecado (versículo 14), que en él nada bueno habita (versículo 18), hago el mal que no quiero (versículo 19) y que es un pobre miserable que no sabe a quién voltear para ser liberado (versículo 24).

¿Puede ser esto entendido como el testimonio de Pablo? ¿Era él realmente *esclavo* del pecado? ¿En verdad *nada* bueno habitaba en él? ¿Continuamente practicaba el mal que no quería? Si este es verdaderamente el secreto de su vida interna, ¿por qué entonces anima a otros con tanta confianza a imitarlo y seguir su ejemplo (en pecado y maldad)? ¿Cómo puede entonces testificar repetidamente sobre su gozo interior, paz y contentamiento? También, ¿por qué entonces no hay otro pasaje en las cartas de Pablo o de cualquier otro escritor del Nuevo Testamento que de alguna forma sean paralelos a las dramáticas declaraciones que Pablo hace aquí? Por ejemplo, Pedro nos dice: "Su divino poder, nos ha concedido todas las cosas que necesitamos para vivir como Dios manda" (2 Pedro 1:3). Juan añade, "Todo el que permanece en él, no practica el pecado. Todo el que practica el pecado, no lo ha visto ni lo ha conocido" (1 Juan 3:6). Pablo confiadamente les dice a los Corintios "Ustedes no han sufrido ninguna tentación que no sea común al género humano. Pero Dios es fiel, y no permitirá que ustedes sean tentados más allá de lo que puedan aguantar. Más bien, cuando llegue la tentación, él les dará también una salida a fin de que puedan resistir." (1 Corintios 10:13). En otras partes, Pablo testifica que: "la conciencia no me remuerde" (1 Corintios 4:4). Esto no suena como el alma turbulenta mostrada en Romanos 7. En 1 Corintios 4:3, dice no estar preocupado con el ser juzgado "ni siquiera me juzgo a mí mismo." Esto debe ser balanceado con sus otras palabras en la misma carta cuando habla de la Cena del Señor donde dice: "Así que cada uno debe examinarse a sí mismo" (1 Corintios 11:28). Claramente no debemos omitir auto examinarnos, pero el impacto general de las palabras de Pablo parece sugerir que no está muy preocupado con su auto examinación.

Otro versículo que trae luz a esto, está en 1 Corintios 6:12 donde dice: "Todo me está permitido, pero no todo es para mí bien. Todo me está permitido, pero no dejaré que nada me domine." ¿Cómo podemos comparar esta contundente aseveración "no dejaré que nada me domine" con su aparente confesión de imposibilidad en Romanos 7 "pues no hago lo que quiero, sino lo que aborrezco"? O con su pregunta "¿Quien me librará?" ¡Esto suena como un hombre que es totalmente dominado! Simplemente no suman.

Ciertamente, la vida Cristiana es un llamado a pelear la buena batalla de la fe. Requiere ser fuerte en el Señor y en el poder de su gracia, poniéndose toda la armadura de Dios. En ningún otro lugar se ve como el llanto desconsolado de un pobre cautivo.

Dios trabaja en ti en el querer como el hacer

Ciertamente debes trabajar en tu salvación con temor y temblor (Filipenses 2:12), pero nota que lo haces con la promesa de que "Dios es quien produce en ustedes tanto el querer, como el hacer para que se cumpla su buena voluntad" (Filipenses 2:13). ¡Que contraste tan claro contra el hombre de Romanos 7 quien testifica que "el querer está en mi pero el hacer el bien no" (Romanos 7:18)! Pablo está consciente de que Dios está trabajando en él en el "querer" y en el "hacer", ¡contrariamente al pobre de Romanos 7 quien "quiere" pero no encuentra poder para "hacer", ni sabe cómo ser libre de su maldad! ¿Qué clase de cristiano es éste? ¿Es en verdad el testimonio de Pablo?

Como Gordon Fee argumenta:

> La ética cristiana no es sólo el "querer". En Romanos 7:18, en su descripción de la vida antes y fuera de Cristo, vista desde una perspectiva fuera de la vida del Espíritu, Pablo describe *vida pre-cristiana* con los mismos términos. El "querer" dice, estaba presente en mí; reconoce lo bueno y espiritual que la ley es. Pero sin el Espíritu, continúa, "hacer el bien" no se da. Sin embargo, como creyente Pablo no tendrá nada de esto (ej. de no poder llevar a cabo el bien que quieren) por lo que anima a los Filipenses a "trabajar" precisamente porque Dios (por su Espíritu, es implícito)

está presente con ellos tanto en el querer como el hacer del "bien". (Gordon D Fee, *Paul's Letter to the Philippians*, NICNT, Eerdmans, 1995)

Richard Hays añade:

> La fuerza fundamental del reclamo de Pablo no debe pasarse por alto: Dios está presente con poder en la iglesia, cambiando vidas y habilitando una obediencia que de otra manera no se podría obtener… El Espíritu Santo no es una abstracción teológica, sino la manifestación de la presencia de Dios en la comunidad, haciendo todo nuevo. Aquellos que responden al evangelio han entrado a la esfera del poder del Espíritu, donde ellos se encuentran cambiados y robustecidos de poder, para obedecer. (Richard B Hay, *The Moral Vision of the New Testament*, T&T Clark, 1997)

Como Douglas Moo argumenta:

> En los capítulos 6 y 8 respectivamente, Pablo deja claro que: "siendo libres de pecado" y "siendo libres de la ley del pecado y muerte" son condiciones ciertas para cualquier cristiano. Si uno es creyente, entonces esto es cierto; si uno no lo es, no son ciertas. Esto significa que la situación de Romanos 7:14-25 no puede ser la del cristiano "normal" ni la de un cristiano "inmaduro". (Douglas Moo, *The Epistle to the Romans,* NICNT, Eerdmans, 1996).

Habiendo hecho este argumento, no podemos sino preguntarnos de quién está hablando Pablo. ¿Quién es esta persona que tiene tan terrible batalla? Se argumenta que no puede ser el típico no creyente, dado que él no tiene los deseos de santidad que se describen en estos versículos. El pecador es indiferente a Dios y su justicia. No tiene ganas de hacer el bien.

Diferentes puntos de vista han sido dados por diferentes autores. Dr. Martyn Lloyd-Jones lo ve como una descripción del pecador despierto, quien aún no ha sido salvo, pero ha llegado a estar bajo la poderosa convicción de pecado y se está esforzando para guardar la ley como su ansiado camino hacia la salvación, sólo para encontrarse con su propia naturaleza corruptible y la inhabilidad de la ley para salvarlo.

Douglas Moo argumenta que lo más seguro sea una referencia a Israel como nación y que Pablo se refiere a sí mismo "en solidaridad con la gente judía y por lo tanto, con la experiencia de la llegada de la ley al Sinaí" Añade: "la experiencia de Israel con la ley debe recordarnos a los cristianos nunca regresar a la ley – ya sea la de Moisés o cualquier lista de 'reglas' – como fuente de vigor espiritual o crecimiento" (Douglas Moo, *The Epistle to the Romans,* NICNT, Eerdmans, 1996).

Richard Hays dice: "La agonizante lucha de Romanos 7 no puede ser vista como una experiencia cristiana normativa, sino como una muestra de la existencia "en Adán" o bajo la ley o ambas" (Richard B Hays, *The Moral Vision of the New Testament*, T & T Clark, 1997).

Gordon Fee argumenta que: "Pablo está describiendo la vida antes y fuera de Cristo, pero desde una perspectiva de alguien quien ya está en Cristo" (Gordon D Fee, *God's Empowering Presence,* Hendrickson, 1994).

N T Wright también enseña que lo que guía el argumento de Pablo, no es su experiencia personal, sino la pregunta de si la ley por sí misma es mala (NT Wright, *The Climax of the Covenant*, T & T Clark, 1991).

Por ahora, esto deber ser suficiente. Es mi convicción que Pablo proclama que el creyente está libre de la esclavitud del pecado y su enseñanza en Romanos 7 no desacredita la promesa. El cristiano es exhortado, sin lugar a dudas a ganar la continua batalla contra el mundo, la carne y el demonio, pero no debe entrar a la batalla temiendo ser inevitablemente derrotado, ni pensando que de alguna manera el apóstol Pablo también fue derrotado.

Jesús promete: "Así que si el Hijo los libera, serán ustedes verdaderamente libres" (Juan 8:36). D A Carson dice acerca de este versículo:

Jesús no sólo goza de derechos inalienables como el Hijo único de Dios, pero ejerce la plena autoridad otorgada por el Padre para liberar a los esclavos. Aquellos a quienes Jesús libera de la tiranía del pecado son realmente (*ontos*) libres. La verdadera libertad no es hacer lo que nos place, sino la libertad para hacer lo que debemos; y es libertad genuina porque haciendo lo que debemos, ahora nos agrada. (D A Carson, *The Gospel According to John*, Eerdmans, 1991)

Así que déjame animarte a no ver Romanos 7 como un desalentador revés, pero a gozar tu libertad y tomar ventaja de la poderosa liberación que Jesús obtuvo para ti a tan grande precio.

6

Una conciencia limpia de obras muertas

La gracia te libera de mera actividad y rutina religiosa. La libertad sobre la condenación obtenida por la sangre de Cristo, limpia y libera tu conciencia. No tienes que comprobar más tu valor siendo un cristiano trabajador.

En este capítulo veremos que tu libertad no lleva a la indiferencia o indolencia, pero limpia el terreno para un servicio celoso para la gloria de Dios y para recibir tu recompensa en su "Hiciste bien siervo bueno y fiel".

Una conciencia limpia de obras muertas

La gracia no sólo te libera del pecado, de la culpa, o de la inhabilidad, también te libera de sólo hacer las cosas por rutina y que sólo sean deberes religiosos. ¿Qué quiero comunicar? Quizá esté mejor expresado en Hebreos 9:14 que nos dice que la sangre de Cristo "purificará nuestra conciencia de las obras que conducen a la muerte, a fin de que sirvamos al Dios viviente". No tienes por qué caer en lo que la Biblia llama "obras muertas" o "rituales religiosos". Muchos cristianos evangélicos tenderían a pensar que ya son libres de una "religión muerta". Asocian estos rituales con la mera vida religiosa formal, de la variedad de las "campanas é incienso". Como cristianos renacidos creen que han dejado atrás las obras muertas.

Quizá deberíamos de ser más auto críticos. ¿Qué es una obra muerta? Inevitablemente, es algo que no tiene vida en sí misma, por ejemplo, algo hecho sin fe. La vida de la iglesia fácilmente se puede convertir en algo rutinario que demanda poca o nada de fe. Tristemente, la rutina gradualmente puede dominar el programa. Podemos vernos envueltos en actividades, servicios y programas que pueden haber perdido desde hace mucho, su propósito. Nadie recuerda el por qué se hacen, pero aún se llevan a cabo.

Una muchacha una vez me dijo que le preguntó a su mamá, el por qué cuando cocinaba el almuerzo del domingo, siempre le cortaba las puntas a la carne y las ponía arriba. Su madre le dijo que no tenía idea, creía que era para que el jugo corriera más fácilmente y que quizá debería preguntarle a la abuela. Cuando mi amiga le preguntó a su abuela, ella la miró con sorpresa. "¿Por qué aún hacen eso?" le preguntó. "Yo solía hacerlo porque nuestro horno era tan pequeño, que era la única forma en que me cabía la carne dentro de él".

Rutina Aburrida

Los programas de la iglesia pueden estar repletos de actividades que desde hace mucho tiempo perdieron su razón de ser. Hacemos la rutina sin fe ni expectación. A veces, las iglesias tienen los domingos por la noche, "servicios de evangelización", donde no se ha visto una sola conversión en años. Los no creyentes nunca asisten. Obviamente, no están produciendo fruto. Sin embargo, los servicios continúan efectuándose. Nos falta la brutalidad pragmática con la que Jesús se enfrentó a la higuera que no daba fruto. Su instrucción fue sencilla y directa: "¡Córtenla!" cuando los discípulos defendieron a la higuera, Jesús cedió a que la dejaran por un año más, pero de seguir sin fruto debería ser cortada. Estaba consumiendo espacio.

El simple ir a la iglesia, si no está mezclado con fe, pronto se convierte en obra muerta. ¿Qué esperamos que suceda cuando nos reunimos? ¿Por qué nos congregamos? ¿Se ha convertido en una obligación?

Otra clase de obra muerta que se debe evitar, es una que se hace presunciosamente. Quizá la mejor forma para ilustrarlo es la experiencia de Josué en Jericó y lo que sucedió después. La batalla de Jericó fue un famoso acto de fe. Josué, dependiendo totalmente en Dios, siguió las instrucciones, llevó a su ejército a marchar alrededor de la ciudad y dio el grito de victoria. Abajo se vinieron los muros y la ciudad fue tomada –una victoria fenomenal. ¿Qué pasó después?

Josué inquirió acerca de la siguiente ciudad. Le dijeron que la ciudad de Ai era un lugar pequeño. No se necesitaba todo un ejército. Si habían podido derrotar a Jericó, Ai estaba dado. Se envió un ejército pequeño, pero en vez de agenciarse una gran victoria, fueron derrotados y regresaron con la cola entre las patas. El ejército de Josué pasó de una obra en fe, a una obra de presunción en un paso fácil y aprendió una triste y dolorosa lección. Dios no estaba con ellos. Era obra muerta.

¿Te dijo Dios que lo hicieras?

Debemos estar también conscientes de obras no ordenadas. Una obra que no es de Dios, es una obra muerta, no importando lo bien que se vea. Pareciera que se abre una puerta o se presenta una necesidad. Alguien debe hacer algo. Como un joven pastor, fui invitado por mi escuela en un pueblo cercano a enseñar religión una vez por semana. ¡Qué oportunidad! Yo estaba particularmente emocionado porque mi testimonio en esa escuela había sido ineficiente y esporádico. Ahora podría recobrar algo del terreno perdido y tener impacto en los cientos de sus estudiantes.

Mientras daba gracias a Dios en oración por esta maravillosa oportunidad, sentí que el cielo estaba mucho menos emocionado por esta impresionante puerta que se había abierto, que yo. De repente sentí que Dios me preguntaba a qué me había llamado a servir. "A pastorear esta iglesia, Señor" fue mi sencilla respuesta. "Pero gracias también por esta maravillosa oportunidad en mi antigua escuela". Otra vez, silencio en el cielo. Gradualmente entró a mi dura cabeza que Dios no me estaba pidiendo cruzar esta puerta en particular. Le llamé a un amigo que le dio seguimiento a esta oportunidad. Fue una importante lección para mí. No todas las puertas al servicio cristiano son automáticamente para nosotros.

Finalmente, en 1era Corintios 13, Pablo da una lista de actividades espirituales que parecen ser, sin lugar a dudas, virtuosas. Habla de la fe que mueve montañas, la sabiduría que entiende todos los misterios y la generosidad de dar todas las posesiones a los pobres. Después añade que puedes hacer todas estas cosas sin amor y encontrar que no tienen valor y que no has ganado nada. Las obras que no son motivadas por amor, no son aceptables para Dios; son simplemente actividades religiosas.

La sangre de Cristo limpia tu conciencia

Salta la pregunta: "¿Por qué los cristianos hacen obras muertas?" Nuestro versículo de apertura, provee la respuesta. Habla de la sangre de Cristo que limpia tu *conciencia* de obras muertas. Parece que nos podemos involucrar en obras muertas, cuando no tenemos una conciencia clara y somos inseguros en la gracia de Dios. Si no estás seguro de tu aceptación y tu libertad de condenación, serás tentado a incrementar tu actividad para justificarte a ti mismo frente a Dios y los hombres. Haces cosas para sentirte mejor. No has permitido que la sangre de Cristo haga la obra completa en tu conciencia, para que sepas que estas limpio delante de Dios. Como resultado, continúas trabajando para hacer a un lado los sentimientos de falla y condenación.

Necesitas un entendimiento claro del impresionante enunciado de Pablo en Romanos 4:4-5 "Ahora bien, cuando alguien trabaja, no se le toma en cuenta el salario como un favor sino como una deuda. Sin embargo, *al que no trabaja*, sino que cree en el que justifica al malvado, se le toma en cuenta la fe como justicia" (énfasis mío). Una vez que estés bien plantado en esta verdad, podrás gozar de tu libertad. No tienes que justificarte a ti mismo. No necesitas impresionar a otros. Ni siquiera necesitas impresionar a Dios. ¡Poniendo toda tu confianza en Jesús y su cruz, estás diciendo que has encontrado a quien ya ha impresionado a Dios por ti!

Si has venido a descansar en la obra completa de la cruz, pero te comportas como si pudieras ganarte la aprobación de Dios en base a tu buen comportamiento, lo que estás implicando es que la cruz no es suficiente, que necesitas añadir tu propia religiosidad para estar seguro de ser acepto. El hecho es que no le puedes añadir a la obra terminada de Cristo. ¡Necesitas arrepentirte de tus obras muertas (Hebreos 6:1) y celebrar el hecho de que eres totalmente acepto! Cuando tu conciencia ha sido limpiada por la sangre de Cristo no serás ya vulnerable al trabajo de conciencia. Debes venir a descansar en el hecho de que la bendición de Dios no depende de cómo tú te comportas.

Como pastor joven, trabajando en la iglesia que previamente mencioné, pasé algunos años algo preocupado tratando de poner en orden a la iglesia y nuestra propia casa. Llegó un momento cuando sentí que sería bueno buscar más compañerismo con otras iglesias en la ciudad. Me acerqué a la alianza de pastores y fui bien recibido. Como iglesia, estábamos contentos de que una nueva etapa de un amplio compañerismo, fuera a empezar. Unos días después, un caballero llegó a mi puerta a expresar su placer de que nos estuviéramos involucrando más con las iglesias locales. Prosiguió diciendo que en las próximas semanas, se les estarían enviando sobres a todas las iglesias para recaudar dinero y que en una fecha próxima se recogerían los sobres. Estaba feliz de que estuviéramos trabajando con las iglesias y anticipaba nuestro entusiasta involucramiento.

Tristemente no sentí que esto era lo que Dios quería que hiciéramos. Le dije al hombre que lo sentía, pero que no seríamos parte de eso. Expresó su sorpresa y me dijo que había entendido, que de ahora en adelante estaríamos involucrados con las otras iglesias. "Todas las iglesias están uniéndose en esto", me dijo tratando de mover mi conciencia, y como puñalada final dijo: "¡hasta los católicos romanos!" Porque estaba seguro de mi posición delante de Dios, su ataque no me sobresaltó y mantuve mi postura. No haría lo que él quería que hiciera y sin embargo, seguía parado siendo acepto por Dios, sin necesidad de auto justificarme. No pudo manipularme usando la culpa.

Me pregunto si alguna vez te has involucrado en actividades cristianas debido a una manipulación de culpa.

"Alguien necesita hacerlo" o "En verdad necesitamos ayuda, ¿no quieres involucrarte?" Mucha gente cede ante el miedo al qué dirán y se involucran en una actividad para la cual no tienen ni fe ni amor.

Es de crucial importancia que puedas decir "No", seguro en el conocimiento de que eres justo ante Dios y de que no tienes que hacer nada para justificar tu existencia, ¡la gracia te ha hecho libre!

Puede ser que preguntes, pero si la gracia permea en la iglesia, ¿se podrá llegar a concluir algo? ¿La gente celebrará su gloriosa libertad de tal forma que nunca consideren hacer alguna buena obra? ¿Habiendo descubierto la gracia de Dios se convertirán en cristianos holgazanes por el resto de sus vidas?

Sirviendo al Dios viviente

Para contestar la pregunta, déjame recordemos nuestro versículo de apertura: "La sangre de Cristo limpia tu conciencia de obras muertas para *servir a un Dios viviente*" (énfasis mío). ¡Parecería que el Dios viviente espera que le sirvas! No serás llamado a obras muertas, pero ciertamente eres llamado a servir. Tito 2:14 dice que Jesús está buscando un pueblo celoso dedicado a hacer el bien. Jesús dijo: "Hagan brillar su luz delante de todos, para que ellos puedan ver las buenas obras de ustedes y alaben al Padre que está en el cielo" (Mateo 5:16). También añadió una nota de urgencia cuando dijo: "Mientras sea de día, tenemos que llevar a cabo la obra del que me envió. Viene la noche cuando nadie puede trabajar" (Juan 9:4). Finalmente, la Biblia registra en el último capítulo las palabras de Jesús "¡Miren que vengo pronto! Traigo conmigo mi recompensa y le pagaré a cada uno según lo que haya hecho" (Apocalipsis 22:12). Por estos versículos, parece que Dios está muy interesado en tus obras. Te llama a trabajar de tal forma, que le traiga gozo a Él y de tal forma que Él sea capaz de premiarte cuando Jesús vuelva.

Puede ser que preguntes ¿dónde entra el asunto de recompensas dentro del tema de la gracia? Pocos cristianos consideran el enseñar sobre las recompensas a pesar de las frecuentes referencias a ello. Quizá la sección más desarrollada en los escritos de Pablo viene en 1era de Corintios 3 donde Pablo habla de nuestras obras siendo probadas por fuego y de las obras que sobrevivan las pruebas de fuego, recibirán una recompensa.

Hay varios factores en el pasaje que deben ser notados. Primero, "Su obra se mostrará tal cual es, pues el día del juicio la dejará al descubierto. El fuego la dará a conocer, y pondrá a prueba la calidad del trabajo de cada uno" (1 Corintios 3:13). Habrá una inspección meticulosa de la obra de cada hombre. Cada uno de nosotros dará cuenta a Dios de nuestras obras y la calidad del trabajo será examinado por fuego. Quizá el ejemplo de nuestro Señor Jesucristo traerá luz al tema. Nos han dicho: "Jesús se sentó frente al lugar donde se depositaban las ofrendas, y estuvo observando cómo la gente echaba sus monedas en las alcancías del templo. Muchos ricos echaban grandes cantidades" (Marcos 12:41). A diferencia del pastor común quien se voltea para no mirar cuando las personas ponen sus ofrendas personales en la ofrenda, nuestro Señor Jesús deliberadamente observó no sólo la ofrenda, sino lo que estaba detrás en términos de motivación y recursos. Como si Jesús hubiera ordenado que cayera fuego sobre las ofrendas dadas. "Muchos ricos echaban grandes cantidades, pero una viuda pobre llegó y echó dos monedita de muy poco valor" (Marcos 12:41,42). Jesús nos da un ejemplo del juicio personal al que cada uno de nosotros nos enfrentaremos algún día. Imagina el fuego cayendo y el humo subsecuente levantándose para revelar qué quedó de las ofrendas de la gente rica y de la pobre viuda. Los ricos perdieron su recompensa en la intensidad de las llamas, mientras que la viuda recibió halagos y honra de parte de Jesús. "Si lo que alguien ha construido permanece, recibirá su recompensa, pero si su obra es consumida por las llamas, él sufrirá pérdida. Será salvo, pero como quien pasa por el fuego" (1 Corintios 3:14,15).

¿Has contemplado, alguna vez, la posibilidad de sufrir la pérdida? Pablo hace claro que todos podemos sufrir pérdida, sin embargo deja claro que nosotros seremos salvos debido a quien somos, salvos por gracia. Somos totalmente aceptados debido a la gracia de Dios, pero nuestras obras serán escudriñadas detenidamente para ver si pasan la prueba de fuego.

La alabanza de cada uno vendrá de parte de Dios

¿Cuál es la respuesta de Pablo ante este prospecto? Nos dice que, debido al juicio que vendrá, nosotros no debemos juzgarnos unos a otros de una forma superficial. Les dice a sus lectores: "Por mi parte, muy poco me preocupa que me juzguen ustedes o cualquier tribunal humano; es más, ni siquiera me juzgo a mí mismo" (1 Corintios 4:3). Está más consciente de la realidad de que el Señor viene quien "sacará a la luz lo que está oculto en la oscuridad y pondrá al descubierto las intenciones de cada corazón. Entonces cada uno recibirá de Dios la alabanza que le corresponda" (1 Corintios 4:5). Un día, cada uno de nosotros será examinado profundamente. En ese tiempo, las cosas ocultas en la oscuridad serán traídas a la luz. Los motivos de tu corazón serán hechos públicos. Dios no sólo se interesa en las buenas obras que haces, sino que también está interesado en las motivaciones que te llevan a hacerlas. El fuego probará la pureza de tus motivaciones, así que dale la espalda a obras muertas, no resistirán el fuego. Dios no quiere que sólo le sirvas, quiere que lo hagas por las razones correctas. Como la iglesia de Éfeso fue retada por el Señor Jesús, porque habían abandonado su primer amor y simplemente seguían siendo activos. Les advierte sobre el cierre de la iglesia y la remoción de su candelabro (Apocalipsis 2:4-5). A Jesús no le agrada la rutina aburrida y el hacer exterior. La iglesia de Laodicea fue retada de forma similar por su tibieza (Apocalipsis 3:15-16).

Habiendo limpiado el muelle de la basura de obras muertas, pregúntate a ti mismo "¿Como sirvo al Dios viviente?" como punto inicial, no dejes fuera la idea de las recompensas. Muchos cristianos parecen indiferentes al tema, abrazando ya sea conciente o inconcientemente la famosa oración de Ignacio de Loyola, quien dice que trabajamos "sin mirar hacia ninguna recompensa, simplemente sabiendo que hacemos tu voluntad". Su oración nos deja pensando que no debemos ser concientes de la recompensa y que de alguna forma tenemos una ética más alta. Pero la Biblia termina mostrando a un Salvador glorificado deseoso de compartir su recompensa con aquellos quienes le han servido aceptablemente. ¿Quién de nosotros le dirá al Rey de Gloria, que el estar preocupados con las recompensas no es muy bonito y que por eso ahora tenemos un código de ética más alto? ¡Yo no me apunto como voluntario! Si Jesús se preocupa por las recompensas y nosotros estamos en contra de ellas, adivina quien está mal. ¡Adivina quién es quién debe cambiar su forma de pensar!

Han surgido actitudes modernas que degradan el valor del individuo y su responsabilidad personal. Por ejemplo, es posible que al final del servicio se muestre aprecio por el que toca el teclado, solo para oír su respuesta "Oh, no fui yo, fue el Señor" Me gustaría preguntar, "¿Quien ocasionalmente tocó la nota errónea?" o quizá comentar "No fue *tan* bueno" para tratar de evadir el orgullo, la gente es tentada a abrazar el anonimato.

Frecuentemente he escuchado a grupos de diáconos bien intencionados, antes del servicio orar por el predicador de esta forma "Señor, esta mañana oculta al predicador, solo queremos ver a Jesús". Un predicador amigo mío comentó, "la próxima vez que esto suceda, voy a abrir en oración y después me voy a esconder bajo el púlpito para ver cómo les va sin mí". Una más reciente y popular frase dice que "Dios está buscando un ejército sin cara" dejando ver nuevamente que Dios le da gran valor al anonimato. La realidad es que Dios ama cada cara y a cada individuo que ha llamado. No somos anónimos ni libres, sin dueño. ¡Debido a que Dios ama a cada individuo, la Biblia está repleta de páginas llenas de nombres impronunciables! Seguro que Dios nos ahorraría la vergüenza de no poder pronunciar estas largas listas de nombres si él sólo quisiera un "ejército sin cara". A Él cada individuo le importa y cada uno le rendirá cuentas. ¡No eres llamado al anonimato, sino a la rendición de cuentas!

Es, por lo tanto, de gran importancia que tomes seriamente tu llamado a servir al Dios viviente, sabiendo que al final del camino darás cuentas detalladas de todo lo que has hecho.

Por lo tanto, fíjate que tu trabajo sea un trabajo de amor y tus obras, obras de fe. Si tus motivos no son puros, se quemarán y tu sufrirás pérdida, aunque seas salvo como Pablo añade (1 Corintios 3:15). Tu salvación nada tiene que ver con tus obras, ya que es por gracia a través de la fe. Te puedes sentir como "uno que escapa de las llamas" como lo dice la Nueva Versión Internacional, pero serás salvo.

¿Paja u oro?

Imagina que una señora de la iglesia local o de tu grupo en casa está en el hospital. Ella está a punto de ser dada de alta y tú no la has visitado. De repente te dices a ti mismo: "No he visitado a María, debo de ir a verla". En este momento sería bueno tomar un momento y hablar con Dios al respecto. ¿Te puedo sugerir que siempre tomes un tiempo cuando te oigas a ti mismo pensar "*Debo* hacer algo?" Podría ser que si sometieras todo a Dios, Él te diría que estás ya muy ocupada. Puede haber muchas tareas inconclusas en relación a, digamos tu esposo, tus hijos u otros asuntos de los cuales ya eres parte. Dios puede decirte que no es necesario que la visites, así que debes descansar y no turbarte, seguro en el conocimiento de que tu relación con Dios no depende de tu forma de trabajo.

Sin embargo, la respuesta de Dios también puede ser diferente. El puede atraer tu atención, de que en realidad no te preocupan las necesidades de María. Tu preocupación es lo que ella pensará de ti, si no la visitas mientras está en el hospital. Pronto saldrá y tendrás que verla. ¿Será que ella pensará menos de ti? Jesús puede mostrarte que en realidad no te preocupas por María. Ni siquiera habías pensado en sus temores y ansiedades, pero estabas más bien pensando en tu reputación. Dios puede decirte que Él tiene gran compasión por María. Ella está ansiosa y temerosa por su próxima operación. Necesita que se le demuestre amor. Jesús está buscando un canal para comunicarle su cariño y traer su amor a la sala del hospital.

Si es eso, arrepiéntete y pídele perdón a Dios. Ora por María y pide que puedas mostrarle algo de la compasión del Señor y que su presencia te acompañe cuando la visites. ¿Será que la presencia de Dios ilumine esa sala o será sólo un cristiano llevado por su conciencia haciendo su tarea? En realidad, ¡María probablemente podrá notar la diferencia! Tú también conocerás la aridez de una actividad infructuosa. Mientras tanto, los ángeles miran aburridos, sabiendo que finalmente eso no sobrevivirá la prueba de fuego. Los motivos secretos de tu corazón serán revelados, sufrirás pérdida y no habrá recompensa.

Cuando servimos genuinamente al Dios viviente, la voluntad de Dios es hecha. Dios dijo de David "'He encontrado en David, hijo de Isaí, un hombre conforme a mi corazón; él realizará todo lo que yo quiero" (Hechos 13:22). Al término de su vida, David se ganó el testimonio "después de servir a su propia generación conforme al propósito de Dios" (Hechos 13:36). No tenía apetito de obras muertas o rutinas aburridas. Él estaba pronto para hacer la voluntad de Dios. Los propósitos de Dios se cumplieron a través de él. Jesús hacia el final de su ministerio dijo: "Yo te he glorificado en la tierra, y he llevado a cabo la obra que me encomendaste" (Juan 17:4). Nosotros glorificamos a Dios en la tierra al hacer las obras que nos tiene para hacer, nada más y nada menos. Para esto se necesita de una relación con Dios. Jesús decía lo que el Padre le decía y hacia lo que el Padre le mostraba.

De hecho, si fueras a preguntarle a Jesús su secreto, Él te diría, "Yo tengo un alimento que ustedes no conocen" y añadiría, "Mi alimento es hacer la voluntad del que me envió y terminar su obra" (Juan 4:32, 34). Jesús estaba completamente nutrido y lleno, haciendo la voluntad del Padre. Estaba sustentado al estar enteramente preocupado con cumplir las obras dadas por Dios. Enfócate en desarrollar una vida que agrade al Padre y discernir qué quiere Él, que hagas, para que con fe, gozo y amor tú pudieras "hacer las buenas obras, las cuales Dios dispuso de antemano a fin de que las pongamos en práctica" (Efesios 2:10).

Hacia el final de su vida, el rey Saúl testificó: "me he portado como un necio" (1 Samuel 26:21). El apóstol Pablo (anteriormente Saulo) terminó su vida con un testimonio contrastante "He peleado la buena batalla, he terminado la carrera, me he mantenido en la fe; por lo demás me espera la corona de justicia que el Señor, el juez justo, me otorgará en aquel día; y no sólo a mí, sino también a todos los que con amor hayan esperado su venida." (2 Timoteo 4:7, 8). ¡Qué contraste! Un hombre llamado Saulo terminó su vida en desesperación, otro hombre llamado Saulo terminó su vida gozoso, anticipando su recompensa, la corona que el Señor Jesús le va a dar.

Permíteme animarte a gozar de la gracia de Dios, a no quedarte sin lo mejor que Él tiene para ti, a celebrar una clara conciencia y a servir al Señor con alegría, mirando hacia la recompensa.

7

¿Qué he hecho para merecer esto?

La gracia de Dios nos asombra frecuentemente. ¡En el misterio de su amor, Él ha escogido lo necio, lo débil, lo rechazado y aún a aquellos "que no son"! El quiere que, no pongas tu confianza en tus propios recursos, pero que te glories en su sabiduría y placer para demostrar la gracia a aquellos que ha elegido para bendecir.

En este capítulo recordaremos las formas inusuales e inesperadas que Dios usa para bendecir, no a la "gente bonita", sino a los no amados y no deseados.

¿Qué he hecho para merecer esto?

Quizá recuerdes el gran hit musical *de La Novicia Rebelde* en el cual, en un momento de gozosa gratitud, Julie Andrews reflexiona: "debo haber hecho algo bien". No puede imaginarse por qué las cosas salieron tan bien para ella. Quizá en su infancia o juventud, radica el secreto de su valía. No es raro que la gente piense de esta forma. Un sentido interior de juego justo, parece demandar que te toque lo que te mereces. La gracia separa en sentido contrastante y dice: "No sólo te libero completamente de lo que te mereces, pero también te doy en su lugar, infinita misericordia, gentileza, lealtad comprometida, favor y bendiciones eternas, más allá de tus más maravillosos sueños". La gracia es expresada de una forma sencilla y preciosa, en la canción de Judy Pruett:

> La gracia de Dios en mi vida
> No depende de mí,
> En lo que he hecho o merezco,
> Pero es un regalo de la misericordia de Dios
> Que me ha sido dado
> Debido a su amor, su amor por mi
> Es interminable, infalible, ilimitada, inmerecida

La gracia de Dios dada a mí
(Derechos reservados © 1990 Judy Pruett/ Kingsway's Thankyou Music)

La gracia de Dios desafía a nuestro entendimiento. ¿Por qué Él nos favorece? ¿Por qué se compromete en un amor eterno? La explicación ofrecida a los israelitas es más un acertijo que una explicación: "El Señor se encariñó contigo y te eligió, aunque no eras el pueblo más numeroso, sino el más insignificante de todos. Lo hizo porque te ama y quería cumplir su juramento a tus antepasados..." (Deuteronomio 7:7-8). ¡Entonces el Señor puso su amor en ti porque te amaba! O como Eugene Peterson dice: "Lo hizo por puro amor" (Eugene H Peterson, *The Message: The Bible in Contemporary Language*, NavPress, 2002). Dios escogió a Israel para ser, "para que fueras su posesión exclusiva entre todos los pueblos de la tierra" (Deuteronomio 7:6) Ellos eran su "tesoro especial". Él se deleitaba en ellos y los atesoraba como lo hace con todos sus hijos elegidos. Él les dio su corazón en un pacto de amor. Los aprecia y guarda celosamente. Ellos eran su particular orgullo y gozo. Para nosotros es difícil de entender la intensidad del amor de Dios, para con aquellos con quienes se compromete. Uno de los misterios de Dios que no hay que analizar, sino que gozar y celebrar es que ¡el Señor te ama, porque te ama!

La vida de Abraham fue puesta de cabeza y él se volvió el padre de todos los creyentes, no por ser el hombre más impresionante, sino porque Dios decidió favorecerlo. El favor de Dios no hizo de su vida una cama de rosas. La vida de Abraham no fue precisamente una vida fácil. Desde el principio hasta el final, él fue tentado y probado, pero fue maravillosamente favorecido y llamado amigo de Dios.

Una generación más tarde, la gracia y el favor de Dios recayeron particularmente en Jacob, en vez de en su hermano gemelo Esaú, no porque éste lo mereciera, como Pablo lo señala prontamente, sino "antes de que los mellizos nacieran, o hicieran algo bueno o malo..." (Romanos 9:11).

Una vez más, cuando comparas la vida de Esaú contra la de Jacob, te puedes preguntar quién era el favorecido. La vida de Esaú fue una próspera y sin problemas, mientras que la de Jacob fue caracterizada por pruebas constantes. Tuvo que huir de su hogar y fue engañado por su tío en relación a su salario y aún en la elección de su esposa. Más tarde en su vida, perdió a su amado hijo José y parecía que también perdería a Benjamín. Una angustia parecía seguir a la anterior. Pero a lo largo de su vida, él desarrolló un insaciable apetito de comunión con Dios y fue bendecido con un cambio de nombre. Jacob, el engañador, pasó a ser Israel, el príncipe de Dios. Él experimentó encuentros sobrenaturales asombrosos y recibió impresionantes promesas. A pesar de ser derramado de vasija en vasija, él era claramente el favorito. Como hombre viejo, apoyado en su cayado, fue buscado por el poderoso faraón para que lo bendijera. Su dignidad espiritual y posición le eran evidentes al rey de Egipto, y el creador del universo abrazó el título de "Dios de Israel".

En la siguiente generación, el favor especial de Dios recayó sobre José. Uno de los elegidos de Dios para recibir su gracia especial. Una vez más notamos que esta bendición no garantiza una vida libre de problemas, sino todo lo contrario. Su vida fue aparentemente moldeada por la envidia, los celos, la rudeza, el orgullo herido, la lujuria desenfrenada, el odio e injusticia de otras personas. Aventado como algo flotante en un río de gran corriente, él se vio tirado y olvidado lejos de su casa, en la profundidad de una prisión extranjera.

Increíblemente él aún fue el objeto de la maravillosa gracia de Dios y fue sostenido a través de pruebas hasta que llegó al lugar que Dios tenía preparado para él, como regidor de Egipto y salvador de Israel. Llamado por gracia, también fue sostenido en gracia hasta el final.

La elección de Dios

Quizá la historia del llamado de David, demuestra la gracia de Dios mucho más maravillosamente que ninguna otra historia del Antiguo Testamento. Samuel, el hombre más significativo para Dios en su generación, vino a la casa de Isaí para encontrarse con sus hijos y seleccionar quién reemplazaría a Saúl, como el siguiente rey de Israel, pero David ni siquiera estaba invitado a la fiesta.

El llamado de David sirve para subrayar lo impredecible de la elección de Dios y cómo los más inadecuados pueden ser el objeto de su gracia.

> "Hermanos, consideren su propio llamamiento: No muchos de ustedes son sabios, según criterios meramente humanos; ni son muchos los poderosos ni muchos los de noble cuna. Pero Dios escogió lo insensato del mundo para avergonzar a los sabios, y escogió lo débil del mundo para avergonzar a los poderosos. También escogió Dios lo más bajo y despreciado, y lo que no es nada, para anular lo que es, a fin de que en su presencia nadie pueda jactarse." (1 Corintios 1:26 – 29)

La elección de Dios nos sorprende. Su gracia desafía nuestro análisis lógico e inclusive nuestras conjeturas. "Dios ha escogido lo necio del mundo para avergonzar a lo sabio". Nuestras agencias de contratación no están buscando a lo necio. Las empresas de colocación de la industria no los entrevistan. Están impresionados con lo sabio, pero Pablo dice: "no muchos de ustedes son sabios, según criterios meramente humanos" (1 Corintios 1:26).

Si Dios escogió lo necio, no debemos descalificarnos tan rápidamente. Muchos cristianos lamentan, su falta de poder cerebral. Porque no son muy inteligentes, se consideran descalificados. Pablo dice todo lo contrario. Él nos dice que la sabiduría del mundo es necedad para Dios, quien ha declarado la guerra a ella. "Destruiré la sabiduría de los sabios; frustraré la inteligencia de los inteligentes" (1 Corintios 1:19). Los sabios se inclinan a hacer a un lado el evangelio como tontería. Encuentran difícil el poder someter su perspectiva intelectual a la autoridad de la Palabra de Dios y consideran el mensaje centrado en la cruz como totalmente irrelevante, donde los que se humillan y abrazan el evangelio descubren que la cruz es la sabiduría de Dios.

La gracia no encaja con las categorías normales y nos enseña que los brillantes por naturaleza no tienen ventaja en la vida cristiana. Los tontos son preferidos. ¿Cuál debiera ser nuestra respuesta? Si eres uno de los pocos brillantes por naturaleza que han sido elegidos, estar profundamente agradecido y acuérdate de no hacer uso de tu propio intelecto. Somete tus perspectivas a Dios. Toma en cuenta los daños que causa el forzar tus opiniones sobre otros o el hacer a un lado a los aparentemente ignorantes que tienen poca educación. Recuerda que Dios oculta las cosas de los sabios e instruidos, se las ha revelado a los que son como niños (Mateo 11:25) así que asegúrate de acercarte a Dios como un niño pequeño, quien reconoce su necesidad de ayuda.

Si por el contrario, tú eres uno de quienes han desdeñado su punto de vista y habilidades intelectuales, celebra este reino que está vuelto de cabeza. No tienes tanto para desaprender. Quizá no tengas tantas opiniones fuertes que necesiten ser cuestionadas. Ven a Jesús con una fe sencilla. Déjalo ser tu maestro, permite al Espíritu Santo ser tu guía, aprende verdad de Dios que no se mide por la habilidad mental, pero está plantada en actitudes y obediencia. "El temor del Señor es el principio del conocimiento" (Proverbios 1:7). Como Derek Kidner, comenta de este versículo en una frase llena de conocimiento, "El conocimiento en su totalidad es una relación dependiente en la revelación e inseparable del carácter". El libro de los Proverbios nos dice que "la sabiduría clama en las calles" (Proverbios 1:20). Dios quiere que seamos "sabios callejeros". Como Derek Kidner vuelva decir "La sabiduría es para el vivir, no para una élite en busca de erudición" (Derek Kidner, *Proverbs*, IVP, 1972).

"Dios escogió lo débil del mundo para avergonzar a los poderosos" (1 Corintios 1:27). ¿Cuántos cristianos deploran su aparente debilidad? ¡Como desean ser más ingeniosos y fuertes! Temerosamente conscientes de ser inadecuados, se consideran a sí mismos como descalificados para el Reino de Dios.

Como cristianos, muy frecuentemente mostramos el cuánto nos impresionan los aparentemente fuertes, al desear que la gente prominente llegue a ser salva. Anticipamos la increíble influencia que una estrella del pop, un ídolo del deporte o alguien famoso en la televisión, pudiera tener si llegara a ser cristiano. Tristemente, ha habido líderes cristianos quienes se precipitan a dar visibilidad a una celebridad recientemente convertida, olvidando que aunque sean famosos a los ojos del mundo, aún deben crecer sus raíces en Dios. Transfiriendo rápidamente su famoso perfil al círculo cristiano, se desestabilizan. Dios no está impresionado con su magnetismo humano, de la misma forma en que nosotros lo estamos y no necesariamente se siente obligado a apoyarlo.

Ninguna confianza en la carne

Frecuentemente el programa de Dios para con los fuertes, es primero debilitarlos para poder usarlos. Moisés es un ejemplo de ello. Lo encontramos como un joven instruido en la sabiduría de Egipto y descrito como poderoso en palabra y acción. Nacido un líder nato, su primer esfuerzo para tratar de ayudar a los judíos terminó en un desastre total y tuvo que huir al desierto. Después de 40 años de futilidad, Dios lo llama y lo invita a ser su representante en la más grande demostración de poder divino que el mundo haya visto. Pero, ¿cuál es la respuesta de Moisés? No quiere el trabajo. Le pide no ser parte. Afirma que no puede hablar. Su fuerza natural se ha esfumado. Este anteriormente hombre fuerte es ahora lo suficientemente débil para ser el instrumento de Dios para confrontar al Faraón, lo suficientemente débil para saber que el Mar Rojo es problema de Dios y no suyo. Gente fuerte puede lograr mucho, pero eventualmente llegan al final de sus recursos. Algunas veces es un gran trauma para ellos el darse cuenta que no tienen lo que se requiere. La gente débil necesita confiar en Dios. Saben desde el principio que no tienen lo que se necesita, pero la gracia de Dios los ayudará. Así que, si Dios escoge lo débil, no te lamentes en tu debilidad. Al contrario, celebra la gracia de Dios al escogerte y cree que Él suplirá gracia para el futuro, sabiendo que su fuerza se perfecciona en tu debilidad. ¡Créelo! ¡La debilidad es una gran ventaja! Te ayuda a fundamentar tu vida en la base correcta, desde el principio.

Pedro, confiando en su propia fuerza, se jactaba de que nunca le iba a fallar a Jesús como los otros lo habían hecho. Su desmoronado fracaso está registrado para que todos lo lean, como también el llamado renovado de un Salvador lleno de gracia, quién toma al ahora debilitado seguidor y lo vuelve a comisionar. Ahora él es débil en sus propios ojos y puede ser el portavoz de Dios en el día de Pentecostés.

Al proseguir con la lista de Pablo, encontramos que "no muchos de noble cuna" sino que Dios prefiere a los humildes y forasteros. Algunas personas le dan mucha importancia a los antecedentes familiares y asociaciones. Les gusta estar con la gente correcta o tener amigos en posiciones altas, pero no muchos nobles son escogidos. Dios escoge la base, a aquellos a quien nadie más quiere acercarse. Los judíos le escupían a los recolectores de impuestos, pero Jesús los buscaba y hallaba.

Quizá tú te avergüenzas de tu pasado familiar y sientes que naciste con cierta desventaja. Quizá ansías subir en la escalera, aprender el arte de mencionar nombres famosos y esconder tu pasado. Cuidado, fíjate en el serio peligro que puede ser el encontrar tu última seguridad e identidad en cualquier otra cosa, que la maravilla de que Jesús te ama y te ha escogido para sí.

La lista de Pablo aún va más abajo en la espiral de desesperanza, cuando dice que "Dios escogió lo más bajo y despreciado". Algunos de nosotros somos despreciados en nuestros propios ojos y no sólo a los ojos de alguien más. Hemos renunciado a la esperanza. Quizá sientes que has sido utilizado y tirado, no valorado por ti mismo, pero tratado como una mercancía cuya fecha de caducidad ha pasado.

Un comentario describe la palabra "despreciado" como "expresamente marcado con desprecio". La misma palabra es usada en Lucas 23:11: "los soldados, con desprecio y burlas" veían a Jesús como un estúpido tonto y lo despreciaron y lo crucificaron.

Como D A Carson dice:

> Donde los hombres y mujeres orgullosos hacen despliegue de su poderoso intelecto, Dios escoge lo simple; donde los hombres ricos se evalúan los unos a los otros en base a sus posesiones, Dios escoge lo pobre; donde líderes egocéntricos ambicionan el poder, Dios escoge a los don nadie... La salvación es el don gratuito de Dios, asegurado por la muerte ignominiosa de su Hijo. Esta odiosa muerte es el acto triunfante de Dios, su obra más deslumbrante y potente, la acción por la cual Él tira a la basura y acaba con toda pretensión humana. La salvación de Dios nace de la gracia de Dios y es recibida por aquellos que confían en Él –no por la "gente bonita" o los ricos y poderosos.
> (D A Carson *The Cross and Christian Ministry*, Baker, 1993)

Cosas que no son

Finalmente llegamos al final de la lista de Pablo. "También escogió Dios lo que no es nada" –gente que pasa totalmente inadvertida y que no figuran en el pensamiento de nadie. ¡No puedes ir más abajo del "no"! Quizá así es exactamente como te sientes. Llegas a la iglesia y parece que todos los demás tienen amigos o grupos de conocidos. Tú te sientes aislado y temeroso de acercarte al grupo. Quizá piensas: "Nadie quiere en realidad hablar conmigo. Es vergonzoso solo estar aquí parado". Cuando te encuentras con este estado de ánimo eres muy vulnerable a Satanás, quien añadirá a tu predicamento diciéndote que no vales la pena y estás más allá de la esperanza. ¿Por qué molestarte siquiera en venir a la iglesia? Ya que incluso nadie nota si estás o no.

El impresionante descubrimiento de David, fue que, aunque

su padre lo ignoraba, Dios tenía grandes planes. Imagina a Samuel, el gran líder nacional invitando a Isaí y sus hijos a un sacrificio. ¡Qué privilegio! Si yo supiera que la reina de Inglaterra iba a visitar mi casa, querría tener a toda mi familia ahí, pero David fue saltado como si no existiera.

Quizá tu padre fue siempre indiferente hacia ti. Quizá tú has cargado con su rechazo por un tiempo muy largo y sientes como que a nadie le importas.

Quizá Isaí mientras preparaba a sus siete hijos, recordaba que siete es el número perfecto. David era el número ocho. Fue dejado fuera, no deseado y al cuidado de unas cuantas ovejas. Quizá te has sentido no deseado. Yo he dado consejo pastoral a algunos, cuyos padres no sólo les han dicho que no eran deseados, sino también que su llegada no planeada, había arruinado sus vidas. Algunos han experimentado rechazo y odio desde tan temprana edad que sienten que no son de consecuencia y no tienen nada que ofrecer.

Al ir Samuel bajando la línea de hijo tras hijo, él sabía que ninguno de ellos era el elegido de Dios. Perplejo, preguntó si no había otro y para la sorpresa de todos, él eligió al que "no era". El que Samuel no sabía ni que existía, era la elección de Dios. Dios ha escogido las cosas que no son.

Años después, David anhelaba construir una casa para Dios. Natán, el profeta lo animó a hacer esto, pero rápidamente recibió corrección divina. En vez de esto, Dios le informa a David de sus propios planes y propósitos:

> Pues bien, dile a mi siervo David que así dice el Señor Todopoderoso: Yo te saqué del redil para que, en vez de cuidar ovejas, gobernaras a mi pueblo Israel. Yo he estado contigo por dondequiera que has ido, y por ti he aniquilado a todos tus enemigos. Y ahora voy a hacerte tan famoso como a los más grandes de la tierra. También voy a designar un lugar para mi pueblo Israel, y allí los plantaré para que puedan vivir sin sobresaltos. Sus malvados enemigos no volverán a humillarlos como

lo han hecho desde el principio, desde el día en que nombré gobernantes sobre mi pueblo Israel. Y a ti te daré descanso de todos tus enemigos. "Pero ahora el Señor te hace saber que será él quien te construya una casa. Cuando tu vida llegue a su fin y vayas a descansar entre tus antepasados, yo pondré en el trono a uno de tus propios descendientes, y afirmaré su reino. Será él quien construya una casa en mi honor, y yo afirmaré su trono real para siempre. Yo seré su padre, y él será mi hijo. Así que, cuando haga lo malo, lo castigaré con varas y azotes, como lo haría un padre. Sin embargo, no le negaré mi amor, como se lo negué a Saúl, a quien abandoné para abrirte paso. Tu casa y tu reino durarán para siempre delante de mí; tu trono quedará establecido para siempre. (2 Samuel 7:8-16)

David se sentó abrumado por la gracia que había estado con él todos los días de su vida. Dios lo dejó sin aliento y todo lo que pudo decir fue: "¡Tal es tu plan para con los hombres, Señor y Dios!" (2 Samuel 7:19).

Te puedes preguntar qué has hecho para merecer el amor de Dios. ¿Cómo es que Dios te ha mostrado tal bondad? Esto es el verdadero sentido de la gracia, que Él te maravilla, contradice cualquier expectativa, te busca y te encuentra y derrama su amor sobre ti. No has hecho nada y no puedes hacer nada para ganarte su gracia. El secreto de su gracia radica en lo profundo del misterio de su conocimiento. Simplemente recíbelo, celébralo, deléitate en Él y vive como uno en quien Dios se complace para favorecerlo de sus desbordantes recursos de su bondad.

8

Por la gracia de Dios soy lo que soy

La gracia no sólo provee de perdón; también te da una nueva identidad. También te llama a una esfera de servicio y dones. Nuestra responsabilidad es asegurarnos que esta gracia inmerecida no sea desperdiciada.

En este capítulo no sólo celebramos el maravilloso regalo de una nueva identidad en Cristo, sino que también señalamos algunos de los problemas que tenemos que evitar, para que sus dones no sean disipados. Pablo deja muy en claro que la gracia de Dios suplirá todas tus necesidades hasta el fin.

Por la gracia de Dios soy lo que soy

Cuando Moisés se encontró con Dios en la zarza ardiente, le preguntó "¿Quién digo que me envía?" Dios, no derivado, no creado, inafectado, incontaminado y no amenazado le respondió "Yo soy el que soy". Una de las más grandes preguntas filosóficas que la gente se pregunta a sí misma es: "¿Quién soy?". Muchos buscan una respuesta antes de venir a Cristo y algunos se siguen preguntando lo mismo después de haber entregado su vida a Cristo. Es una pregunta vital. La respuesta de Pablo es la declaración extraordinaria "por la gracia de Dios soy lo que soy" (1 Corintios 15:10). La gracia le da paz y seguridad con respecto a su identidad.

Anteriormente en su vida, Pablo se consideraba a sí mismo de diferente forma. Por ejemplo, en Filipenses 3, describe lo que antes era "circuncidado al octavo día, del pueblo de Israel, de la tribu de Benjamín, hebreo de pura cepa; en cuanto a la interpretación de la ley, fariseo en cuanto al celo, perseguidor de la iglesia; en cuanto a la justicia que la ley exige, intachable" (Filipenses 3:5,6). No era un hombre en busca de respuestas; él conocía su identidad. Conocía sus antecedentes. Fue entrenado a los pies de Gamaliel, probablemente el maestro judío de más renombre en su generación y podía presumir que iba delante de sus contemporáneos.

Pero Pablo también tenía un terrible pecado en su vida. Él había perseguido a la iglesia. Cuando Esteban, un magnífico joven lleno del Espíritu Santo en sabiduría y poder, fue apedreado hasta la muerte, Pablo estaba ahí, aprobando este evento. Seguramente Pablo estaba tratando de reprimir su incansable culpa, cuando Dios le dijo durante su conversión: "¿Qué sacas con darte cabezazos contra la pared?" (Hechos 26:14). La vulnerabilidad de Pablo puede haber estado basada en su recuerdo de aquel día. Esteban murió con dignidad, su cara brillando como la de un ángel. Quizá esa imagen le quedó estampada en su conciencia.

Gracia e identidad

¿Qué poder tiene la gracia que puede tomar a un amargado legalista, a un homicida y liberarlo para decir: "¡Por la gracia de Dios soy lo que soy!"? La gracia no sólo le proporcionó el perdón, sino que le dio una nueva identidad. Él era una nueva persona, una nueva creación. Algunas veces la gente piensa: "Nunca me podré perdonar por eso", "He arruinado la vida de esa joven", "Rompí el corazón de mis padres", "Engañé a ese hombre en el negocio". Algunas personas se sienten encadenadas a recuerdos de culpas.

Si ésta es tu experiencia, no sólo debes recibir el perdón sobre el pasado, sino también la nueva identidad que Dios libremente te da. Ninguna otra evaluación sobre tu vida puede competir contra la suya, esto es, "Por lo tanto, si alguno está en Cristo, es una nueva creación. ¡Lo viejo ha pasado, ha llegado ya lo nuevo!" (2 Corintios 5:17). ¡No te resistas a esta gracia maravillosa! La evaluación que Dios hace de ti es la auténtica. Porque Pablo lo creyó, fue capaz de dejar atrás el pasado.

Dios le dijo a Abram, cuyo nombre significa "padre exaltado", "Tú serás 'Abraham'" que significa "padre de las multitudes". Abraham le creyó a Dios y por fe recibió su nueva identidad. Dios renombró a Jacob "Israel". Tomó a un engañador como Jacob y lo llamó "Príncipe de Dios". Cuando Dios te de una nueva identidad, ¡recíbela! Dios llamó a Gedeón "guerrero valiente", aún cuando estaba escondido en una cueva. La evaluación de Dios superó su anterior opinión de sí mismo. Cuando Dios dice que tú eres poderoso, ¡créelo! "Por la gracia de Dios soy lo que soy".

Gracia y ministerio

En este pasaje Pablo no sólo habla sobre su identidad en Cristo, también se refiere a su ministerio como apóstol. La gracia no sólo lo salvó, también lo llamó a una esfera de servicio. Él dice en Romanos 1:5 "Por medio de él, y en honor a su nombre, recibimos el don apostólico". También en 1 Corintios 3:10 "Según la gracia que Dios me ha dado, yo, como maestro constructor." Nuevamente en Efesios 3:8 "recibí esta gracia de predicar a las naciones las incalculables riquezas de Cristo". El entendió toda su operación como un regalo de la gracia.

"No todos somos apóstoles, tenemos dones diferentes, según la gracia que se nos ha dado" (Romanos 12:6). 1 de Pedro 4:10 dice: "Cada uno ponga al servicio de los demás el don que haya recibido, administrando fielmente la gracia de Dios en sus diversas formas". Los dones han sido distribuidos por Dios a su iglesia. Cada uno de nosotros tiene la responsabilidad de administrar los dones que ha recibido. Tenemos el gozoso privilegio de usar estos dones para el beneficio del cuerpo de Cristo.

Los dones de Dios no son recompensas. No son pruebas de santidad o marcas de madurez, sólo dadas a los cristianos más avanzados para demostrar la aprobación de Dios en su progreso espiritual. Si los dones fueran distribuidos con esta base, la iglesia de Corinto habría sido completamente desprovista de carismas (dones del Espíritu) pero Pablo dijo que no les hacía falta ninguno de los dones a pesar de su inmadurez y ciertamente, carnalidad. Como DA Carson dice, ellos eran "pésimamente inaceptables y espiritualmente inmaduros" (D A Carson, *The Cross and Christian Ministry*, Baker, 1993). Los dones son dados *libremente* en base a la gracia. Si estás en

Cristo, su justicia no sólo te salva, sino que te califica para recibir los maravillosos dones del Espíritu Santo.

"Su gracia hacia mí no fue en vano"

Habiendo recibido su gracia, Pablo estaba deseoso de que la gracia de Dios dada a él no fuera en vano. ¿Cómo es posible hacer la gracia de Dios vana? Una variedad de respuestas pueden frustrar la obra de la gracia de Dios en nuestras vidas. Una manera es no recibirla, simplemente por no creer. Cuando Dios llamó a Moisés, su respuesta fue que no podría llevar a cabo la tarea que le encomendaba. No podría hablar al Faraón. Si no crees que Dios puede usarte, frustrarás la gracia de Dios. Gedeón, inicialmente se quejó que era el menor en la casa de su padre y que Dios no podía usarlo. Estaba en peligro de que la gracia viniera sobre él en vano. Cuidado con poner en riesgo y perderla por preguntarte "¿Quién soy yo para hacer esto?".

Pablo habla del peligro del pie en ser descalificado del cuerpo por no ser mano y por lo tanto no parte del cuerpo y del oído lamentando no ser ojo (ver 1 Corintios 12:16). Cuidado con el peligro de pensar que porque no eres tan prominente como la persona de al lado, la gracia de Dios no funcionará a través de ti.

No conviertas la maravillosa gracia en gracia barata

Una segunda trampa a evitar es la negligencia o la licencia. Yo puedo hacer vana la gracia al tener una actitud casual. Pablo advirtió a los gálatas "hermanos, porque ustedes han sido llamados a ser libres; pero no se valgan de esa libertad para dar rienda suelta a sus pasiones. Más bien sírvanse unos a otros con amor" (Gálatas 5:13). Pedro dice "Eso es actuar como personas libres que no se valen de su libertad para disimular la maldad, sino que viven como siervos de Dios" (1 Pedro 2:16). El versículo 4 de Judas habla sobre "impíos que cambian en libertinaje la gracia de nuestro Dios". No conviertas la maravillosa gracia en gracia barata.

No desarrolles una actitud donde en realidad no importa; Dios siempre me perdona; la gracia lo cubre; puedo hacer cualquier cosa que quiera. Esto invalida la gracia. Pablo dice esto: "Todo me está permitido, pero no todo es para mi bien. Todo me está permitido, pero no dejaré que nada me domine" (1 Corintios 6:12). Pablo celebra su recién encontrada libertad de las restricciones de la ley, y rechaza ser llevado a la deriva hacia la esclavitud del pecado.

No caigas en legalismo

Una tercera cosa que puede inhabilitar la gracia de Dios es el legalismo. Los gálatas habían nacido de nuevo y habían experimentado un poderoso derramamiento del Espíritu Santo a través del ministerio del apóstol Pablo. Por esto, él estaba atónito cuando descubrió que estaban regresando nuevamente a la ley. Algunos cristianos que anteriormente eran judíos habían llegado a la iglesia de Galacia y confundido completamente e intimidado a los cristianos, antes paganos, al enseñarles que si querían ser totalmente aceptables a Dios, deberían circuncidarse, guardar el Sabbat y las regulaciones especiales de alimentación. Pablo estaba indignado. Insistió "No desecho la gracia de Dios. Si la justicia se obtuviera mediante la ley, Cristo habría muerto en vano" (Gálatas 2:21). Al abrazar la ley, en un esfuerzo para hacerse más dignos a Dios, ellos estaban invalidando la gracia. "Aquellos de entre ustedes que tratan de ser justificados por la ley, han roto con Cristo; han caído de la gracia" (Gálatas 5:4). La frase "han caído de la gracia", tenía un significado muy diferente para Pablo que el de uso popular.

Cuidado con la falsa doctrina

El cuarto peligro es el caer en el error teológico. Pablo dijo que él fue a Jerusalén a reunirse con los dirigentes para que todo su esfuerzo no fuera en vano (ver Gálatas 2:2). Aunque él había sido comisionado personalmente por Cristo, él reconocía la necesidad de estar al tanto de Pedro, Santiago y Juan, quienes estaban "en Cristo" antes que él, para asegurarse de que no estaba corriendo en vano o, a pesar de su celo, ver que no estuviera errando el curso. ¡Puedes ser muy entusiasta, pero estar errado!

Pablo dice de los judíos de su generación que "teniendo celo por Dios pero no de acuerdo al conocimiento". Así que toda su energía era tiempo perdido. La gente puede darle toda su devoción a algo que finalmente pruebe ser en vano, por no ser lo que Dios requiere. Puedes desarrollar un gran compromiso a una doctrina falsa o una religión muerta, ¡así que mucho ojo! Es trágico ver a un nuevo creyente que empieza bien, ser consumido por un particular énfasis doctrinal y pasar toda su vida como un cristiano de un solo tema.

El trabajo duro no es enemigo de la gracia

Finalmente Pablo dice, "y la gracia que él me concedió no fue infructuosa. Al contrario, he trabajado con más tesón que todos ellos." ¡El trabajar duro no es enemigo de la gracia! La pereza es una manera de hacer vana la gracia. A Pablo no le daba pena hablar de su trabajo duro. No consideraba que esto estuviera en competencia con la gracia, por lo que enumeró sus luchas, trabajos, naufragios, golpizas y viajes. Si estás bien afianzado en la gracia, no tendrás miedo del trabajo duro. Él era fuerte en la gracia y también ardía en celo.

Aunque no yo

Habiendo presumido su arduo trabajo, de repente Pablo añade "aunque no yo". Aquí es donde se torna confuso. Pablo, ¿eres tú quién ha trabajado duro o alguien más? "Bueno, yo trabajé duro pero no fui yo, sino la gracia de Dios en mi."

¿Cómo debemos entender esto? Quizá debiéramos empezar por explicar lo que *no* estamos diciendo. No estamos diciendo "Yo recibí la gracia" como si la gracia fuera algo que sucedió solo en el pasado, sugiriendo "Gracias Señor, yo era un pecador, era un legalista, era un asesino de cristianos pero ¡obtuve gracia! ¡Gracias Dios, que misericordia! Ahora para mostrar mi aprecio por toda esa gracia del ayer, voy a trabajar más fuerte que cualquiera." Eso *no* es lo que está diciendo. El arduo trabajo de Pablo no era sólo el pago de su deuda con Dios. No trabajaba duro para mostrar apreciación por la gracia.

La gracia que me salvó y me dio el don del ministerio, es la misma gracia que vendrá *conmigo* hacia mi futuro. ¡Vivimos todo el tiempo por gracia! Servimos todo el tiempo por gracia. Pablo tampoco está diciendo que habiendo trabajado duro, sales a respirar algo de gracia y vuelves al trabajo, ¡sólo para salir nuevamente por un poco más de gracia! No. Vivimos en la gracia. La gracia trabaja *conmigo*. La gracia es mi compañera. Algunas veces sientes que apenas estás trabajando, porque la gracia de Dios está trabajando contigo.

¿Cómo es que la gracia trabaja conmigo? A través de la actitud y las acciones. Jerry Bridges dice: "tus peores días nunca son tan malos que estés fuera del alcance de la gracia de Dios y tus mejores días nunca son tan buenos que estés sin la necesidad de la gracia de Dios" (Jerry Bridges, *La Disciplina de la Gracia*, NavPress, 1994). Manteniéndote humilde, debemos reconocer todo el tiempo, nuestra necesidad de gracia. No decimos "Gracias Dios, tu gracia me ha traído hasta aquí. Ahora me toca." Pablo afirma haber aprendido contentamiento en cualquiera de sus circunstancias. Sabía cómo vivir en la pobreza y en la abundancia. Afirmaba haber aprendido este secreto (ver Filipenses 4:11). Él prosigue diciendo:"Todo lo puedo en Cristo que me fortalece". Frecuentemente citamos este versículo, al contemplar el agresivo avance del reino, citamos: "puedo hacer todo a través de Cristo". El verdadero contexto de las palabras de Pablo en Filipenses, era que él había aprendido contentamiento. Había aprendido su propio ritmo. Podía hacer todas las cosas para sustentar su ministerio en medio de dificultades. No era acerca del poder dramático del ministerio. Era sobre el desafío de la rutina diaria. ¿Has aprendido a estar contento? ¿Puedes hacerle frente? Por ejemplo, ¿cómo llevas a 3 niños a la escuela cuando estás cansado? ¿Cómo los alimentas y vistes con poco dinero? ¿Cómo sobrellevas a un padre enfermo, con la presión constante en el trabajo, con los vecinos abusivos? ¿Cómo le haces frente?

No pierdas la esperanza

Algunas veces somos probados y tentados a tirar la toalla en términos de recibir la gracia. Pablo nos da una pequeña idea de los conflictos por los que pasó, cuando nos cuenta que algunas veces era como ser exprimido hasta gritar: "¿Y quién es competente para semejante tarea?" (2 Corintios 2:16). Pero recibe una respuesta: "No es que nos consideremos competentes en nosotros mismos. Nuestra capacidad viene de Dios" (2 Corintios 3:5-6).

En 2 Corintios 4:16 Pablo dice: "Por tanto, no nos desanimemos. Al contrario, aunque por fuera nos vamos desgastando, por dentro nos vamos renovando día tras día." Así es como funciona la gracia. Algunas veces fue probado hasta el extremo: "Estábamos tan agobiados bajo tanta presión, que hasta perdimos la esperanza de salir con vida: nos sentíamos como sentenciados a muerte. Pero eso sucedió para que no confiáramos en nosotros mismos, sino en Dios, que resucita a los muertos" (2 Corintios 1:8-9). ¡Esto describe cómo te sientes algunas veces! Esto no sólo se aplica a los apóstoles; esto es para creyentes que están tratando de dirigir un negocio, criar niños, trabajar con colegas problemáticos, mantener una actitud santa cuando son acusados injustamente o cuando les han abierto el carro... ¡nuevamente! Cuando piensas que ya no tienes nada más que dar, la gracia es como esas maravillosas velas de cumpleaños, que apagas ¡sólo para descubrir que se vuelven a prender! No soy yo, sino la gracia de Dios en mí, aún en medio de la presión.

Algunas veces, la presión era tan intensa para Pablo que, en 2 Corintios 12:9, pide que le sea removido el aguijón de la carne, pero el versículo continúa de una forma inesperada: "pero él me dijo: "Te basta con mi gracia, pues mi poder se perfecciona en la debilidad." Por lo tanto, gustosamente haré más bien alarde de mis debilidades, para que permanezca sobre mí el poder de Cristo. No sabemos cuál era el aguijón en la carne de Pablo, pero cuando dijo: "Tres veces le rogué al Señor", estamos hablando de tres ocasiones de oración profunda. La frase que subrayé en mi Biblia es "pero él me dijo". No simplemente debemos saber en teoría, que la gracia de Dios es suficiente, debemos también experimentar la intimidad de la presencia y la expresión de su amor que comunica la gracia. Cuando oímos su voz y recibimos su toque renovante, todo lo demás cae a la proporción adecuada. Verdaderamente, su gracia es suficiente.

Escribiendo a la iglesia de Filipo, desde la prisión, Pablo parece estar constantemente lleno de gozo. Es difícil imaginar las agotadoras circunstancias que debió tener, cuando su encarcelamiento lo tenía pendiente entre la vida y la muerte. Quizá moriría, pero de una cosa estaba cierto: "Ahora bien, si seguir viviendo en este mundo representa para mí un trabajo fructífero" (Filipenses 1:22). Sabía que podía morir, pero si vivía, esperaba ser fructífero. ¿Por qué estaba tan seguro? Porque había recibido gracia y apostolado para persuadir a los gentiles que obedezcan a la fe (ver Romanos 1:5). Gentiles vendrían a ser obedientes a la fe. Pablo estaba seguro que esto pasaría si viviera. Esto era para lo que había recibido gracia.

Pablo esperaba ser fructífero y ver vidas transformadas a través de su ministerio. Para esto estaba en el planeta. Dios le había dado gracia para ser fructífero y estaba seguro de que su gracia no sería en vano. Como Nehemías podía decir confidentemente: "El Dios del cielo nos concederá salir adelante. Nosotros, sus siervos, vamos a comenzar la reconstrucción" (Nehemías 2:20).

Por la gracia de Dios eres quien eres. La poderosa gracia te ha dado una nueva identidad. No permitas que esa gracia sea vana en tu vida.

9

La gracia y la cultura predominante

Los cristianos supuestamente "están en el mundo pero no pertenecen a él". ¿Qué es lo que realmente significa esto? ¿Qué es lo que la gracia nos enseña sobre el problema de la "mundanalidad"?

En este capítulo vemos la futilidad de una religión donde sólo hay que guardar la ley, y el rol vital de una sana conciencia. Veremos también que la cruz de Cristo nos libera de las trampas de un mundo que no tiene futuro.

La gracia y la cultura predominante

"Mundano" era una nueva palabra para mí cuando recién me convertí, pero una, que tenía que aprender. Como cristiano, no debía ser "mundano", pero debía aprender que era, y que no era "mundano". No siempre era obvio y conforme han pasado los años, me he dado cuenta que la definición varía de país en país, de tradición en tradición, y también se ajusta conforme cambia la moda. A lo que frecuentemente se le llama mundano pudiera ser mejor entendido como un área "prohibida" específica definida por la particular cultura de tu iglesia.

Una vez, predicando en Europa del Este, tuve que aprender que usar corbata en la iglesia era llamar la atención hacia ti mismo haciendo un despliegue de arrogante actitud. Noté que todos los hombres de la congregación usaban sacos pero ninguno traía corbata. Las corbatas eran narcisistas, inaceptables y definitivamente mundanas.

En otra ocasión, predicando en una conferencia en Bloemfontein, Sudáfrica, había dirigido varios seminarios entre semana, donde los participantes usaban pantalones cortos y camisas de manga corta. El pastor anfitrión de la conferencia usaba pantalones casuales y una camisa de cuello abierto y manga corta. El domingo en la mañana, desayunando en su casa, estaba sentado con chaleco y pantalones cortos. Pronto sería hora de la reunión. Me vestí "casual pero elegante" como lo había hecho durante la semana, y corrí a alcanzarlo ya que me esperaba en su carro. Su mirada de alarma fue inconfundible, cuando lo saludé estando él sentado al volante de su carro en un traje de tres piezas en ese colosal calor. Le pregunté si mi vestimenta era la adecuada.

"Nunca le he predicado a mi gente sin traer puesta una corbata" fue su severa respuesta. Me regresé rápidamente a cambiarme y ponerme la corbata y saco requeridos.

El uso de la ropa apropiada, ciertamente era significativo, cuando recién me convertí. Estar sin corbata en un domingo causaría ceños fruncidos y la mezclilla ciertamente no era aceptable.

No sólo la vestimenta inadecuada representaba mundanalidad, también algunos objetos "no santos" eran mundanos. Todavía recuerdo la primera vez que vi a un joven traer su guitarra a la iglesia. Conforme se acercaba a la entrada principal, la esposa del líder de los diáconos estaba parada en el escalón superior.

"¡No pensarás meter *eso aquí*!" le gritó. El joven, intimidado, se retiró avergonzado.

Las guitarras eran claramente mundanas y el edificio de la iglesia era considerado como la casa de Dios, un lugar donde el hablar en voz baja y andar de puntitas se consideraba apropiado. El que el zapato de un diácono hiciera ruido mientras "distribuía los elementos" se habría notado. Estaba permitido hacer un guiño o medio sonreír a un amigo, pero el hablar estaba prohibido. Habiendo recibido el himnario en la entrada, uno demostraba su aprecio susurrando un "Gracias" y procediendo a su lugar para reclinarse en oración por un periodo de tiempo que se considerara reverente y después esperar a que el servicio comenzara su curso.

¡Esto era una iglesia bautista, diferente a los anglicanos quienes eran muy formales al hacer su reverencia al altar!

En forma similar, temprano en mi experiencia como cristiano, me paré a ponerle gasolina a mi moto en mi camino a la iglesia. Una dama de la iglesia que pasó por ahí me pregunto qué estaba haciendo.

"Cargando gasolina" fue mi ingenua respuesta.

"¿No sabes que es el Sabbat?" respiró.

No tenía idea de lo que ella estaba hablando, pero pronto aprendí que había una lista arbitraria de cosas que no estaba permitido hacer los domingos y que eran totalmente inapropiadas para los cristianos.

He leído que, habiendo invitado a Billy Graham para conducir su primera gran cruzada en Inglaterra en los años cincuenta, algunos de los líderes británicos descubrieron que Ruth, la esposa de Billy Graham, usaba maquillaje, ¡Inclusive lápiz labial! ¡También usaba un corte moderno de cabello! Durante su viaje marítimo a Inglaterra cundió el pánico. ¿Qué se podía hacer? En esa época, los cristianos británicos se escandalizarían por tal mundanalidad en los cristianos.

Denominaciones se han dividido y nuevos grupos han emergido sobre si las mujeres pueden o no, usar aretes. Cuando recién fui salvo, el ir al cine definitivamente era mundano. La música clásica estaba bien, pero el jazz estaba más allá de lo permitido. En algunas iglesias se espera que no llame simplemente a los hombres y mujeres por su nombre de pila, sino como "Hermano y hermana tal y tal". Una vez predicando en Mobile, Alabama, públicamente pedí perdón si omitía el requerido "Hermano, hermana" antes del nombre ya que no había aprendido a usarlos, y que probablemente se me olvidaría. Había crecido junto a un hermano y una hermana pero jamás se me había ocurrido llamarlos de otra manera que su nombre de pila. Otra vez, hablando con una hermana india en Bombay, ella simplemente me llamo "Terry" sólo para hacer una pausa y con vergüenza corregirse a sí misma "Lo siento, Hermano Terry".

Religioso campo minado

¿Tiene la gracia algo que ver con un religioso campo minado?

¿Quién hace las leyes? ¿Importa? ¿Cuántas te tienes que aprender? O ¿puedes olvidarlas todas y decir "Una plaga sobre todos los legalistas!"?

Pablo aborda este tema en el libro a los Romanos. Ciertamente, algunos sostienen que uno de los propósitos principales de la epístola es el cómo manejar este tipo de problemas y hacer un llamado a la aceptación mutua y la unidad. Consciente de que la iglesia en Roma era una mezcla de judíos y gentiles, sabía que habría grandes tensiones. Los anteriormente gentiles, con su trasfondo libre de leyes y preocupaciones, tendrían que convivir en cercana proximidad con los anteriormente judíos cuya devoción previa a Dios era expresada guardando la ley al detalle. Ellos procederían con una conciencia tierna hacia cosas como la comida anteriormente prohibida y el tener nuevas actitudes liberales hacia el guardar el sábado. ¡Una situación delicada era el comer carne ofrecida previamente a los ídolos! ¿Cuál fue el enfoque de Pablo?

Primero, el reconoció el hecho de que algunos eran más fuertes en la fe que otros. Era claro que, los fuertes en la fe podrían, por ejemplo, comer de todo, mientras que los débiles solo podrían comer verduras (Romanos 14:1-2). Algunos consideraban que un día era más importante mientras que para otros, todos los días eran iguales (Romanos 14:5). La más grande preocupación de Pablo era que no se juzgaran unos a otros, pero que buscaran la paz y edificación mutua. Los fuertes en la fe deberían apoyar a los débiles, en vez de hacer lo que les agradaba (Romanos 15:1).

Obedeciendo a su conciencia

La conciencia es un delicado mecanismo del alma humana. Es intuitiva y no racional. Como un don de Dios, debe ser obedecida. Cuando se prende el "foco rojo" de la conciencia es esencial el hacerle caso. Por ejemplo, si de repente tu conciencia te hace ver que nunca deberías alzar tu voz y hablar a tu amigo de esa forma, no debes de tratar de razonar contigo mismo diciendo "Ella empezó, es su culpa". Si tu conciencia te está molestando, no razones con ella, obedécela. Si tu conciencia te dice que no debes robar esas cosas de tu oficina, no discutas con ella "El tal señor lo hace y es cristiano así que debe estar bien". Una conciencia ignorada o rechazada puede pronto convertirse en una conciencia entenebrecida, que es algo muy peligroso, dejándote vulnerable a un naufragio (ver 1 Timoteo 1:19).

Habiendo dicho esto, la conciencia no es necesariamente infalible. Necesita estar sujeta a la autoridad de las Escrituras y educada por la Palabra de Dios. Una conciencia puede estar programada deficientemente y conducirte al cautiverio. Puede necesitar ser reprogramada para alinearse con las Escrituras pero no debe ser abusada o pisoteada.

Permíteme ilustrar el hecho de beber vino, un asunto muy delicado en algunos lugares. Antes de ser salvo, yo bebía demasiado y frecuentemente me emborrachaba. Esto continuó en los primeros años de mi conversión. Después, en una crisis de convicción sobre mi vida cristiana, hice una profunda dedicación a Cristo y como resultado de ello, entre otras cosas, dejé de beber alcohol. Me convertí en un abstemio y saqué un seguro del carro que reflejaba esto. Ni siquiera brindaba en una boda por los novios.

Algunos años después, por convicción bíblica cambié mi forma de ver el asunto y me sentí libre para beber nuevamente vino, obedeciendo obviamente la enseñanza bíblica que claramente prohíbe la embriaguez. No habiendo tomado vino por muchos años, se me hacia raro tener nuevamente una copa en mi mano pero mi conciencia estaba tranquila.

Si simplemente hubiera argumentado "Otros cristianos beben, ¿por qué yo no?" hubiera ofendido a mi propia conciencia y me hubiera hecho mucho daño. Tenía que estar convencido por medio de la Biblia, que era aceptable y reeducar mi conciencia por medio de la Palabra de Dios. De forma similar, si yo ahora trato de forzar a otro cristiano en mi libertad sobre el asunto mientras que el aun no está plenamente convencido, le puedo hacer un gran daño. Ciertamente le puedo mostrar escrituras y proveer razones pero no debo forzar la conciencia de otra persona hacia mi libertad.

Este principio aplica a un número de temas, yo simplemente usé el beber alcohol como ejemplo. Debemos estar convencidos en nuestra mente sobre lo que la Biblia enseña y vivir nuestras vidas delante de Dios en la luz de su verdad, respetando a los demás que no están de acuerdo.

Hermanos más débiles y falsos hermanos

Pablo, movido por su pasión evangelística, estaba dispuesto aun a cambiar de terreno para ganar gente a Cristo. Por ejemplo, se sometía a veces a la ley para ganar a los que estaban bajo la ley. Timoteo quizá se regocijó al oír la clara enseñanza de Pablo acerca de que la circuncisión no era necesaria para un creyente cristiano. Quizá no se regocijo tanto cuando Pablo decidió que sería bueno que Timoteo se circuncidara por el bien del evangelio, para ganar judíos a Cristo.

Pablo tenía compasión del hermano más débil quien tenía problemas con su conciencia y batallaba con la libertad del evangelio. Iba más allá para ganarlos. Sin embargo, debe notarse que su actitud era muy diferente con aquellos que retaban fuertemente su libertad. Su distinción entre los "hermanos débiles" y los "falsos hermanos" es evidente en la carta a los gálatas: "El problema era que algunos falsos hermanos se habían infiltrado entre nosotros para coartar la libertad que tenemos en Cristo Jesús a fin de esclavizarnos. Ni por un momento accedimos a someternos a ellos, pues queríamos que se preservara entre ustedes la integridad del evangelio" (Gálatas 2:4-5).[1] Toda la carta a los gálatas es un llamado de su corazón a los nuevos creyentes para que resistan cualquier intento que los haga regresar al legalismo.

---

[1] El hermano débil, o el cristiano con una conciencia débil, frecuentemente es malinterpretado por los cristianos modernos como si se refiriera a un cristiano más vulnerable (quizá más joven) que puede ser más fácilmente tentado a pecar. El contexto de los pasajes como Romanos 14 y 1 Corintios 8 dejan muy claro que en la mente de Pablo el hermano más débil con una conciencia débil es aquel que tiende hacia el legalismo y no ha sido plenamente liberado por medio de la revelación de la gracia de Dios hacia el nuevo pacto. Si se lee lentamente Romanos 14 y 1 Corintios 8 esto será muy claro.

La actitud despectiva de Pablo hacia los legalistas de Filipo es impresionante, los llama "perros" y "esos que hacen el mal" (Filipenses 3:2). Como dice Gordon Fee, "Esta metáfora es mordaz ya que los perros eran zoológicamente "clase baja", comían basura y eran detestados por la sociedad greco romana, los judíos los consideraban inmundos, y ellos algunas veces se referían a los gentiles como "perros". Añade, "¡Los perros en general no son bien vistos en la Biblia!" (Gordon D Fee, *Paul's Letter to the Philippians*, NICNT, Eerdmans, 1995)

Para Pablo, las cuestiones están claras. La gracia introduce a los creyentes a una libertad impresionante que rompe el yugo del legalismo. Esta libertad no solo ha sido celebrada, sino peleada, como lo demuestra la carta a los gálatas. Habiendo dicho esto, la conciencia cristiana debe ser manejada con mucha sensibilidad, mientras que la unidad y la tolerancia deben caracterizar a la iglesia al nosotros tener como prioridad el aceptarnos los unos a los otros. El ser mundano definido en la Escritura, no está preocupado con imponer una lista de reglas. Al contrario, se enfoca en tres áreas principales: la riqueza del mundo, sabiduría mundana y una religión del mundo.

La riqueza del mundo

Aunque el Nuevo Testamento no provee de un llamado hacia una vida asceta, las riquezas del mundo se consideran como una peligrosa trampa. Mammom es un dios que busca tu lealtad. No puedes servir a Dios y a las riquezas. Era evidente que los ricos de este mundo eran aceptados en las iglesias pero advertidos a no ser presuntuosos o poner su esperanza en riquezas inciertas (ver 1 Timoteo 6:17).

Cuida el no ser engañado al permitir que las cuestiones financieras regulen tu vida. Esto define bíblicamente el ser mundano. Las posesiones, promociones y prestigio no deben dominar tus decisiones. Tu carrera, carros y la moda no deben dictar tu sistema de valores. Eso es ser mundano, viviendo como si el mundo presente tuviera todas las respuestas y estableciera el sistema de valores.

No subestimes su poder. Pablo perdió a uno de sus allegados a esta seducción "Demas, por amor a este mundo, me ha abandonado…" (2 Timoteo 4:10).

Sabiduría del mundo

Segundo, la "sabiduría del mundo" nunca permitirá que te jactes de una fe centrada en la cruz. Es una tontería total para el mundo. La sabiduría de Dios se para en el polo opuesto a la sabiduría del mundo. "dispuso que el mundo no lo conociera mediante la sabiduría humana" de hecho "¿No ha convertido Dios en locura la sabiduría de este mundo?" (1 Corintios 1:20-21). Dios se ha complacido en comunicar su gracia a este mundo a través de la locura de la cruz.

Para el cristiano el ser del mundo, es abandonar el horror y la tontería de la cruz y en vez de su mensaje ofrecer uno más sofisticado, o mostrar una pose. Una razón dulce o moderación trataran de diluir el mensaje cristiano para que la cruz no sea ofensiva.

Pocos de nosotros nos gozamos en ser considerados como tontos, obscurantistas, fanáticos o dinosaurios intelectuales. El abandonar la cruz para ofrecer un mensaje más aceptable puede ser una poderosa tentación pero la Biblia lo ve como locura mundana.

Religión mundana

Tercero, Pablo ve la "religión mundana" como un sutil callejón sin salida que no lleva a ningún lado. Por ejemplo, él reta a los colosenses a no dejarse envolver en "los principios elementales del mundo" (Colosenses 2:20). Les preguntó "¿por qué, como si todavía pertenecieran al mundo, se someten a preceptos tales como: No tomes en tus manos, no pruebes, no toques?" (Colosenses 2:20-21). Les advierte el no permitir que nadie "los cautive con la vana y engañosa filosofía que sigue tradiciones humanas, la que va de acuerdo con los principios de este mundo y no conforme a Cristo" (Colosenses 2:8) y añade "así que nadie los juzgue a ustedes por lo que comen o beben, o con respecto a días de fiesta religiosa, de luna nueva o de reposo" (Colosenses 2:16).

Las mismas reglas que unos tratan de imponer para acabar con la "mundanalidad", ¡Pablo las considera como otra forma del ser mundanos! Debemos siempre estar guardia contra leyes y regulaciones ya sean prescritas o impuestas, que sólo reflejan la cultura en la cual fuimos educados, o aquella a la que nos hemos acostumbrado.

Algunos estándares fuertemente impuestos son removidos de la atmósfera del Nuevo Testamento, donde Pablo dice cosas como "Todo lo que Dios ha creado es bueno, y nada es despreciable si se recibe con acción de gracias, porque la palabra de Dios y la oración lo santifican" (1 Timoteo 4:4-5).

El legalismo duro y regimentado está ausente del Nuevo Testamento. El evangelio trae libertad. En vez de imponer reglas detalladas, Pablo apela a la conciencia de cada persona (2 Corintios 4:2) e invita a los demás a juzgar lo que él dice (1 Corintios 10:15). En cosas como el largo del pelo del hombre, simplemente dice "¿No les enseña el mismo orden natural de las cosas que es una vergüenza para el hombre dejarse crecer el cabello?" (1 Corintios 11:14). Pero no prescribe ningún largo, no da medida alguna. ¿Qué tan largo es largo? Ciertamente las modas más recientes o tu preferencia personal no pueden dictar arbitrariamente la norma. Por ejemplo, los puritanos, con su reputación de ser diligentes en el guardar las Escrituras, se dejaban crecer el pelo mucho más largo que las costumbres modernas. ¡No dejemos pasar la ofensa de la cruz pero no seamos ofensivos sobre el largo del pelo!

Legalismo y misiones

Sin lugar a dudas, uno de los motivos de Pablo para liberar a los creyentes de las cadenas del legalismo era que pudieran correr sin compromisos para evangelizar a las naciones con el mensaje de libertad. Indiscutiblemente el legalismo frustra la misión. Como Pablo no fue llamado a imponer un tipo de cristianismo judaizante sobre los gentiles, nosotros no hemos sido llamados a imponer nuestras preferencias culturales sobre las naciones. Nosotros vamos con buenas nuevas de gracia y libertad.

No estamos comisionados para imponer el estilo de vida occidental a las naciones (sea inglés o americano). El cristianismo no es una religión occidental que refleja preferencias culturales y estilos occidentales. La gracia libera a la gente de sus ídolos para servir al Dios vivo y verdadero y a esperar del cielo a Jesús (ver 1 Tesalonicenses 1:9-10), pero deja que cada grupo étnico traiga su contribución distintiva, su colorido, lenguaje, música y diversidad. ¡La gracia nos enseña a liberar a las naciones, no a clonarlas!

Crucificado para el mundo

La solución final de Pablo a la mundanalidad, es la cruz. El dice "En cuanto a mí, jamás se me ocurra jactarme de otra cosa sino de la cruz de nuestro Señor Jesucristo" (Gálatas 6:14) pero nótese que él no se refiere a la "vieja cruz" nostálgica o sentimentalmente, él hace alarde en la cruz por quien el mundo ha sido crucificado para *mí*, y *yo* para el mundo (ver Gálatas 6:14, énfasis mío). La cruz de Pablo no sólo era un recuerdo, sino una experiencia poderosa que cambió su vida, dando un golpe mortal a toda aspiración y expectativas basadas en el mundo que él hubiera tenido, incluyendo su reputación.

Habiendo recibido el golpe mortal de la cruz, debemos vivir como si no tuviéramos relación alguna con el mundo, aunque la tengamos. Como la Nueva Versión Internacional dice "...los que disfrutan de las cosas de este mundo, como si no disfrutaran de ellas; porque este mundo, en su forma actual, está por desaparecer" (1 Corintios 7:31). Con el solo aprender unas pocas reglas de conducta o retirarnos a una vida monástica, no podemos probarnos como no más "mundanos". Jesús ofendió a los religiosos de su época demostrando amistad a pecadores al comer y beber con ellos. Pero nunca comprometió su vida de pureza e inocencia ni permitió que el mundo moldeara su sistema de valores.

Necesitamos un cambio radical de actitud y una total renovación de nuestra mente. Pablo animó a los cristianos romanos a presentar su cuerpo como un sacrificio vivo y santo, a rehusarse a ser como los del mundo, y a ser transformados por la renovación de su mente para que pudieran comprobar la voluntad de Dios, buena, agradable y perfecta (ver Romanos 12:1-2).

La devoción personal a Dios motivada desde el interior, reemplaza a una lista de reglas impuestas desde afuera. En el próximo capítulo hablaremos más de esto.

10

La gracia nos enseña a decir "No"

Tristemente, algunos cristianos tienen la impresión de que no les está permitido el participar en los placeres del mundo. Parecen comunicar que están lejos de ser felices sobre las prohibiciones que moldean su angosto estilo de vida.

Este capítulo abre nuestros ojos a lo que enseña la gracia y como provee con santas motivaciones que nos liberan a preferir la santidad y a decir "no" desde nuestros corazones a los placeres de corto plazo que el pecado ofrece.

La gracia nos enseña a decir "No"

En un foro abierto de líderes se me preguntó "¿Hay que aplicar la gracia o la justicia?" y fue toda una sorpresa para mí. Él que hacia la pregunta me explicó que una pareja, quienes estaban viviendo juntos mas no se habían casado, estaban preguntando sobre la posibilidad de ser bautizados en su iglesia. ¿Qué debía responder? ¡Él que preguntaba claramente veía gracia y justicia como alternativas!

Cuando Dios declaró el Antiguo Testamento obsoleto (Hebreos 8:13) y estableció el Nuevo Pacto, no estaba tirando la toalla en la batalla contra el pecado; Él estaba revelando una nueva y mejor forma de vencerlo. En la venida de Cristo, la gracia "apareció" de repente (Tito 2:11. Griego *epifanía* – "brillo"), no para bajar el estándar sino para equipar a los creyentes para que se levanten a alturas sin precedentes.

No que Dios no siempre fuera clemente. Cuando Moisés pidió una revelación de Dios se le dijo que la presencia de Dios pasaría delante de él y que le revelaría su nombre. Moisés oyó "El Señor, el Señor, Dios clemente y compasivo, lento para la ira y grande en amor y fidelidad" (Éxodo 34:6). Dios siempre ha sido clemente. Sin embargo, su gracia fue desplegada particularmente en la venida de Cristo. La ley vino por Moisés; la gracia y verdad vinieron a través de Jesucristo, y de su plenitud todos hemos recibido gracia sobre gracia (ver Juan 1:16-17). La gracia brilló en la venida de Cristo, pero no vino a bajar el estándar. Vino para motivarnos y habilitarnos a vivir totalmente una nueva vida.

Pablo le dijo a Tito que la gracia de Dios nos enseña a decir "No" (Tito 2:11-12). La traducción vívida de la Nueva Versión Internacional llama nuestra atención. Decir "No" es una parte vital de vivir en santidad. La fuerza gravitacional de la sociedad humana que jala hacia abajo es tan penetrante que si no aprendemos a decir "No" muy pronto estaremos en problemas. Si los jóvenes no aprenden a decir "No", se comprometerán rápidamente con el sexo opuesto. Si no aprenden a decir "No", muy pronto estarán experimentando con drogas y alcohol.

"No" es una palabra que todos debemos ser instruidos a decir. Es una palabra antisocial. Va contra la corriente. Se requiere de valor y compromiso para decirla. Necesita una fuerte motivación y la gracia motiva poderosamente.

¿Cómo nos instruye la gracia? Comienza por decirnos que somos totalmente aceptados en Dios a través de la fe en Cristo. Somos justificados libremente como un regalo. Así que soy un vencedor desde antes de haber comenzado. Soy aceptado antes de haber hecho nada. ¡Qué alivio! ¡Magnifico! Algunos argumentarán, "¡Que peligroso!" pero no entienden. Dios comienza por calificarnos. Él nos probará después, pero nos califica primero. Comenzamos aceptados, calificados y justificados como un regalo. La justicia de Cristo se me da libremente, no solo para comenzar mi vida cristiana, pero cada día de mi vida, y Él es el mismo ayer, hoy y siempre. Su vida totalmente justa, de magníficas decisiones, opciones perfectamente santas, pureza constante frente a la feroz tentación, es libremente acreditado a mi cuenta.

Esto es tan alentador que es casi demasiado bueno para ser cierto. Cuando primero escuché de la gracia de Dios me sentí como los testigos de la resurrección. Dice de ellos "No podían creer el gozo". Por un tiempo, había vivido en una escuela de duro y entusiasta compromiso. Frecuentemente la condenación me ensombrecía. ¡Tratar más duro era la forma de lograr el éxito! Las calificaciones con sus frecuentes repeticiones de "Podría hacerlo mejor" y "Debe esforzarse más" le sonaban parecido a mi entendimiento al cómo vivir mi vida cristiana.

¡De repente lo vi! La gracia de Dios cubre mi pecado y fracaso y me justifica libremente como un regalo. ¡Qué revelación! ¡Qué gozo! ¡Qué agradecimiento y alabanza! La gracia me instruye primeramente diciéndome que soy un vencedor antes de haber empezado.

Joya comprada para su frente

La gracia nos dice que Jesús te quiere para su posesión, su especial tesoro (Tito 2:14). Dios se goza particular y personalmente en ti. Te escogió desde antes de la fundación del mundo. Te conoció desde antes y te predestinó a ser suyo. Él llama a su iglesia "Mi deleite" (Isaías 62:4). De hecho, Dios se deleita en ti. No te salvó por error. No te tuvo que tomar como parte de un "lote". No naciste por voluntad humana sino por voluntad de Dios. Él te amará y te valorará siempre.

> No mío sino suyo por derecho
> Su especial tesoro ahora
> Justo y precioso en su vista
> Joya comprada para su frente
> El mantendrá aquello que buscó
> Guardará seguro lo que amorosamente compró
> Valorará lo que escogió
> Siempre lo amará y nunca perderá
> Frances Ridley Havergal (1836–1879)

Además, la gracia nos enseña acerca del terrible precio que fue pagado por nuestra salvación. Esas simples palabras cuya profundidad es insondable "*Se dio a sí mismo.*" Algunos motivados por la bondad, pueden dar regalos o inclusive una fortuna pero Él se dio a sí mismo. Se dio a sí mismo por la raza humana. Se dio a sí mismo a una banda multicolor de seguidores quienes lo negaron en su hora de necesidad, se dio a sí mismo en la hora de Satanás, puso su mejilla a quienes le arrancaron la barba, no escondió su cara a los escupitajos. Se dio a sí mismo a la ira plena de Dios, la total maldición de la ley. Se dio a sí mismo sin reservas aunque estaba totalmente angustiado en Getsemaní, aunque se estremeció con la terrible revelación de la amarga copa. Sudó gotas de sangre clamando a su Padre que si era posible, fuera pasada la copa. Sin embargo, prevaleció determinado a salvarnos y por el gozo que le esperaba, soportó la cruz, menospreciando la vergüenza que ella significaba.

Se convirtió en el centro de la burla y vergüenza de hombres y demonios. Se dio a sí mismo a la furia absoluta de un Dios santo que aborrece el pecado con odio perfecto y feroz ira. El hijo de Dios me ama y se dio a sí mismo por mí.

Aquí está la crux del asunto (latín: *crux* – "cruz"). De la cruz vino el grito desgarrador. ¿Acaso ha habido un grito más desgarrador que el que atravesó los cielos ese terrible día? "Dios mío, Dios mío, ¿por qué me has abandonado?" Al hacerme saber el precio pagado, la gracia me enseña.

La gracia también me enseña la gloriosa meta que tenía en mente. Él quiere un pueblo ardiendo por buenas obras (Tito 2:14). Quiere zelotes. Odia a los tibios. Él te prefiere frío o caliente. La tibieza lo hace vomitarse (Apocalipsis 3:16). Quiere gente apasionada ardiendo con la motivación y comprometidos de corazón. Él dio su propia vida como ejemplo. El celo por la casa de su Padre lo consumía.

Dios nos quiere ardientes para lo que Él predestinó para nosotros. Él no quiere activismo o mera ocupación. Él ha preparado y seleccionado cuidadosamente obras para nosotros. La gracia me enseña que Él eligió las obras de antemano y quiere que yo esté comprometido entusiastamente a hacerlas para que Él, finalmente pueda recibirme en su reino eterno con las gloriosas palabras "Bien hecho, siervo bueno y fiel."

Es una etapa temporal

Finalmente la gracia me enseña que este mundo se puede ver como "el tiempo presente" (Tito 2:12). No es permanente; es sólo lo que está pasando aquí por un corto tiempo. Sólo vivimos brevemente, como la flor que brota, se abre, se seca y cae pronto, así el mismo mundo es efímero. Esta época está pasando. La gracia abre mis ojos a esta realidad. Si pensara que esta vida es para siempre, viviría diferente, pero sé que es corta. La eternidad espera. Un nuevo cielo y una nueva tierra están al frente.

Frecuentemente viajo internacionalmente y me quedo por tiempos cortos en otros países. Muchas veces ni desempaco toda la maleta. No conozco el idioma. Algunas veces, particularmente si es a Europa continental, ni siquiera cambio dinero o ajusto mi reloj. ¡Caminando por la calle, seguro me veo como cualquier otro, pero en realidad no pertenezco! No me identifico plenamente. En unas pocas horas o días ya no estaré ahí, estaré volando a casa nuevamente. ¡Yo pertenezco en otro lado!

La gracia me enseña a no echar raíces profundas en este escenario temporal. La gracia me enseña que es fácil decir "No" cuando no soy realmente parte de la cultura; soy un forastero de visita; mi ciudadanía está en otra parte.

No sólo no pertenezco, sino que estoy impaciente esperando otra "aparición". La gracia ha "aparecido" (Tito 2:11) pero pronto "la gloriosa venida de nuestro gran Dios y Salvador Jesucristo" tendrá lugar (Tito 2:13). Esta revelación pronto irrumpirá sobre el mundo. Vendrá para ser glorificado por medio de sus santos y admirado por todos los que hayan creído (2 Tesalonicenses 1:10).

Decir "No" al mundo, la carne y el demonio parece tener sentido cuando la gracia me instruye sobre estas cosas. Cuando se me dice que soy un heredero de la vida eterna (Tito 3:7) tiendo a perder interés en el "aquí hoy y mañana ido". Quiero fijar mi esperanza en la gracia que viene a mí por la revelación de Jesucristo. Como Jim Elliot, el joven mártir americano dijera "No es tonto aquel que deja lo que no puede guardar para ganar aquello que no puede perder."

La gente instruida en la gracia tomará decisiones que vienen de un corazón renovado. La gracia *nos* enseña a decir "No". Esto es muy diferente al ceder a regañadientes a una ley externa que es inflexible y forzada comunica "¡No debes!"

Tristemente, cuando los cristianos no han descubierto las riquezas de la gracia, frecuentemente dan la impresión de estar atados externamente y que son reacios en su guardar la ley. Pueden comunicar al incrédulo que a ellos simplemente no les es permitido hacer lo que la gente del mundo hace y que "los cristianos no hacen esa clase de cosas" – aunque tal vez dando pistas de que ellos quisieran poder hacerlo. Frecuentemente nuestro fracaso en demostrar una sincera y alegre aceptación de las normas santas de Dios, le comunica al oyente que somos una gente frustrada y triste por la imposición de reglas religiosas que somos obligados a guardar. La transformación que la gracia logra es diferente. La gracia nos persuade e instruye internamente. Nos abre los ojos a las maravillas de la compasión de Dios y al atractivo de sus caminos.

La gracia no baja los estándares ni rehúye asuntos. No nos dice que nos olvidemos de la justicia porque Dios ha cambiado las reglas y acomodado nuestra debilidad volteando la cara para hacer las paces con los demás cristianos. En fuerte contraste, la gracia libera, instruye, nos llama a algo más alto y nos habilita a vivir una vida diferente llena de gratitud, revelación y el gozo de la presencia del Espíritu Santo. Jesús no estaba jugando cuando habló sobre la justicia que sobrepasaría la de los escribas y fariseos. Su reino trae una justicia diferente.

11

La gracia de la disciplina

Ahora que ya eres libre de la ley y te puedes relacionar directamente con Dios como tu Padre celestial, es de gran importancia que tomes su entrenamiento seriamente. Él te recibe como su hijo y tratará contigo de esa forma, proveyendo disciplina cuando sea necesario.

En este capítulo te mostraremos que el propósito del Padre es instruirte en la semejanza de su familia. Algunas de sus enseñanzas son duras pero la meta es traerte a una madurez que le agrade a Él y a ti te traiga contentamiento.

Como el águila trata a sus polluelos nos provee de una buena ilustración.

La gracia de la disciplina

Habiendo sido liberado de la sumisión a la ley y habiendo sido adoptados como hijos (Gálatas 4:5), Pablo te anima a no someterte más a tus jefes anteriores. Ahora que gozas de todos los privilegios del ser hijo, estás invitado a tener una relación directa con Dios como tu padre. No tienes que estar más pendiente de la niñera que te mantenía en jaque.

¿Quién te traerá corto? Dios con su gran amor actuará como un Padre verdadero y te proveerá su propia disciplina. Si no sabes nada sobre la disciplina de Dios Padre, tienes razones suficientes para cuestionarte si eres verdaderamente su hijo. "¿Qué hijo hay a quien el padre no disciplina?" el autor de Hebreos pregunta (Hebreos 12:7).

La disciplina no es algo a lo que muchos se apuntan. Aun puedo recordar la fila en mi escuela de aprensivos niños afuera de la oficina del director, esperando recibir su particular forma de disciplina.

Dios trata contigo como un hijo

El escritor de Hebreos insta a sus lectores a recibir la disciplina paternal de Dios con entendimiento y gratitud. Primero quiere que se den cuenta que al ser disciplinados están siendo tratados como hijos: "pues Dios los está tratando como a hijos" (Hebreos 12:7). Sigue adelante diciendo que la disciplina es una prueba de legitimidad. Un padre no es responsable por cada niño que vive en su calle. No siente obligación de corregir al hijo del vecino (¡aunque le gustaría hacerlo!) pero si siente responsabilidad paterna por los suyos. El experimentar disciplina, es una marca del ser hijo. ¡Es una prueba de que perteneces!

El Señor "disciplina a los que ama, y azota a todo el que recibe como hijo" (Hebreos 12:6). ¡Aunque has recibido todos los derechos de ser hijo a través de la cruz, esto no significa que has madurado de la noche a la mañana! En la presencia de Dios, tienes una nueva posición por medio de la gracia, pero Dios a[un tiene que tratar contigo. Se puede decir que Dios te ama como eres, ¡pero te ama demasiado para dejarte como estás! Él quiere hijos e hijas maduros y tienes que ser entrenado hacia la madurez a través de la disciplina.

El escritor de Hebreos es honesto al decir "ninguna disciplina, en el momento de recibirla, parece agradable, sino más bien penosa" (Hebreos 12:11). Hay tiempos difíciles cuando debes resistir al demonio y él huirá. Cuando estás experimentando un ataque del enemigo, debes discernirlo, pararte firme en fe y rechazar su embestida. Sin embargo, cuando como cristiano pasas por circunstancias dolorosas y desagradables, tienes que preguntarte a ti mismo si Dios está trabajando en tu vida. Puede ser que el dolor que estás experimentando sea el resultado de circunstancias imprevistas o del pecado de otras personas pero es importante que, como un hijo de Dios, consideres la posibilidad de que sea una sesión de entrenamiento diseñada por Dios.

Por ejemplo, fue muy evidente que los sufrimientos de José eran el resultado de la envidia y el odio de sus hermanos. Fueron los instrumentos humanos pero se nos dice que Dios lo tenía para bien. Dios estaba trabajando detrás de los instrumentos humanos, aun en sus pecados. José, el siervo escogido, estaba siendo disciplinado y preparado para una gran responsabilidad futura.

La disciplina no es agradable pero "después produce una cosecha de justicia y paz para quienes han sido entrenados por ella" (Hebreos 12:11). La disciplina tiene un propósito. Produce "posteriormente" lo que debe incluir buen fruto. Tu responsabilidad es el recibir bien la disciplina y ser entrenado por ella. Tristemente, es muy posible que falles en el entrenamiento y no ganes nada de las amargas experiencias por las que pases.

Primero, nunca debes olvidar que eres un hijo o hija amado(a) de Dios y por lo tanto estás siendo tratado de esa manera. No eres meramente un peón de las circunstancias y de eventos inesperados. Dios te tiene en su mano. Está haciendo que las cosas trabajen juntas para bien. Nadie te puede arrancar de su mano y Él cuida de tus días. Así que si cosas difíciles cruzan tu camino, debes parar y recordar tu identidad y no ser confundido.

No lo tomes a la ligera ni lo hagas una carga

Entonces como hijo, "no tomes a la ligera la disciplina del Señor" (Hebreos 12:5). No te la sacudas como si nada estuviera pasando. No ignores la temporada por la que estás pasando. No es momento para una actitud arrogante o un enfoque irreflexivo tipo "De cualquier manera, Aleluya". Ojo con no perder el objetivo. Recuerdo a algunos niños saliendo de la oficina del director, habiendo sido disciplinados, volteaban a ver a los que esperaban y les decían arrogantemente "¡No me dolió!". Tristemente uno tendría que añadir "¡No aprendí nada!" no se gana nada con tomar a la ligera la disciplina del Señor.

El escritor añade, "ni te desanimes cuando te reprenda" (Hebreos 12:5). Esta reacción opuesta es igual de peligrosa. No tires la toalla. No te des por vencido. No te quejes diciendo que Dios está en contra de ti o te abandonó. Es fácil encender el botón del auto lástima. Cuando te rindes, no aprendes nada. Los niños pequeños lloran y dicen "No es justo" o "No me quieres". Algunos cristianos dicen "No tengo esperanza. Nada funciona para mí."

Debes abordar las experiencias difíciles con madurez y tener una actitud humilde y abierta a la enseñanza. La temporada de sufrimiento debe producir fruto y se tiene prometido "para quienes han sido entrenados por ella" (Hebreos 12:11). Si te pierdes del entrenamiento, no ganas nada. De hecho el sufrimiento en sí no produce santidad y santificación automáticamente. Puede producir lo opuesto. La amargura y miseria frecuentemente caracterizan a aquellos que han experimentado circunstancias trágicas. El escritor te presenta dos alternativas – gracia o amargura. Él dice "Asegúrense de que nadie deje de alcanzar la gracia de Dios; de que ninguna raíz amarga brote y cause dificultades y corrompa a muchos" (Hebreos 12:15).

Cuando pasas por tiempos difíciles, la amargura te espera en la puerta ofreciéndote su compañerismo. Te dice qué tan terrible tiempo has pasado, qué crueles han sido las personas, qué tan injustamente has sido tratado. Si te rindes a su oferta una raíz crecerá en tu alma y por cuyo resultado muchos han sido corrompidos. La amargura es una hierba vil. Hecha sus raíces a lo profundo de la personalidad de la gente. No se contenta con desfigurar un alma, crece en busca de otros dispuestos a estar cerca y ser corrompidos. Por lo que la única forma de resistir la amargura es asegurarte de no estar destituido de la gracia de Dios. La gracia como un extinguidor de fuego efectivo, puede abrumar el poder de la amargura. Como un herbicida moderno, puede ir a la raíz y destruir su poder. Pero tú debes deliberadamente obtener gracia. Debes tomar una decisión específica de resistir la amargura, no una, sino muchas veces. Repetidamente la amargura tocará a tu puerta y tú siempre debes enviar a la gracia a abrir.

Nuevamente, José es una figura ejemplar. Él rehusó amargarse contra sus hermanos a pesar de la crueldad de ellos hacia él. Él miró a Dios y creyó en sus grandes propósitos providenciales. Perdonó absoluta y libremente a sus hermanos y mantuvo su alma clara e incontaminada. Ni tampoco otros fueron corrompidos. Ningún egipcio estuvo en peligro por el oír de José que tan vilmente sus hermanos le habían tratado. Les dio tal honor y los recibió con un gozo tan evidente y puro que no causó ninguna sospecha. Había obtenido gracia y la gracia de Dios era suficiente para él.

A través de los siglos, grandes siervos de Dios han descubierto los secretos de tomar de su magnificente gracia. Madam Guyon es un maravilloso ejemplo. Encarcelada injustamente, compuso la siguiente canción:

> Fuertes son las paredes alrededor de mí,
> Que me encierran todo el día,
> Pero aquellos que me han encarcelado,
> No pueden mantener lejos a Dios,
> Las paredes de mi cárcel son queridas
> Porque el amor de Dios está aquí.
> Aquellos que me oprimen saben
> Que es difícil estar sola;
> Pero no saben que Alguien puede bendecirme
> Quien viene a través de rejas y piedra
> Él hace que la obscuridad de mi calabozo resplandezca
> Y me llena de deleite
> T.C. Upham *La vida de Madame Guyon*
> James Clarke & Co.
> *Usado con permiso.*

En su soledad rehusó amargarse. La gracia suplió mas allá de sus necesidades y como resultado ella ha inspirado a creyentes a través de los siglos.

Semejanza familiar

En conclusión, se te ha dicho "Por tanto, renueven las fuerzas de sus manos cansadas y de sus rodillas debilitadas. Hagan sendas derechas para sus pies, para que la pierna coja no se disloque sino que se sane" (Hebreos 12:12-13). Parece que tu sesión de entrenamiento tenía un propósito particular. Tu entrenador ha observado que cojeas al andar.

Le era aparente una falla. Se dio cuenta que se debían tomar medidas para traer sanidad a tu cojera, así que preparó una sesión de entrenamiento con ese objetivo en la mira. Existe, sin embargo, un factor de riesgo. En vez de que la extremidad sea sanada, puede dislocarse. En otras palabras, el resultado en vez de ser la deseada sanidad, puede ser una condición peor que la anterior.

Por lo tanto, es de vital importancia que manejes bien la disciplina de tu Padre. Es fundamental que no seas destituido de la gracia de Dios. "Dios lo hace para nuestro bien, a fin de que participemos de su santidad" (Hebreos 12:10). Su objetivo es glorioso – ¡compartir la verdadera santidad de Dios! Dios quiere que compartas más de la semblanza de la familia, tomando más semejanza a tu Padre. Por lo tanto al que el Señor ama, disciplina.

Si nunca has experimentado la disciplina de Dios en tu vida, es posible que en realidad no seas un hijo. Puedes asistir a la iglesia pero no ser aún un hijo de Dios. Si eres su hijo, casi por seguro que has experimentado la realidad de lo que este capítulo describe.

En su maravillosa gracia por tu bien, Dios te disciplinará. De verdad, muchos pueden testificar que durante esas épocas ellos aprendieron más que en ningún otro tiempo sobre la fenomenal benevolencia de Dios y de su dependencia en Él. También aprendieron más de su amor específico por ellos. Las lecciones aprendidas en medio de presión y las pruebas ordenadas por Dios son altamente valoradas y no olvidadas. Son prueba y evidencia de su gracia hacia ti. Tu responsabilidad es recibir estos tiempos difíciles con fe y confianza, sabiendo que Dios esta de tu lado. Nunca entretengas las mentiras del enemigo que Dios te ha abandonado pero celebra el hecho de que la meta de Dios es transformarte a la imagen de su Hijo.

El nido del águila

En su gran canción profética (registrada en Deuteronomio 32) Moisés pinta una dramática imagen del águila que agita su nido y revolotea sobre sus polluelos hasta que caen del nido en lo alto de la piedra. Uno puede imaginarse la conmoción experimentada por los polluelos cuando sus padres parecen haber sufrido un total cambio de carácter. En vez de la típica figura amorosa que los cuida y siempre les trae comida y provee para cada una de sus necesidades, ahora parece descuidado o hasta cruel. No contenta con agitar el nido, ella los empuja afuera.

Quizá sería conveniente hacer algunas preguntas como, "¿Quién está agitando el nido?" ¿Es un depredador hostil con una cruel intención? Muy frecuentemente nos enfrentamos a problemas y brincamos precipitadamente a la conclusión que de que estamos siendo atacados por el enemigo. Culpas al demonio y sus secuaces. Sin embargo, en esta ocasión, el enemigo no es el responsable. El padre está haciendo la vida difícil.

Noten que ella sólo está agitando un nido. No está destruyendo nidos al azar sino se concentra exclusivamente en el suyo. Cuando atraviesan dificultades, algunos creyentes se hacen serias preguntas acerca de si realmente son cristianos. ¿Puede ser Dios realmente mi Padre si permite que esto me pase a mí? ¿Puede Dios amarme realmente y sin embargo no protegerme? ¿En verdad pertenezco a su familia? Quizá Dios se ha cansado de mí. Pero en la ilustración del águila, el padre águila sólo agita su propio nido. ¡El ser agitado no es prueba de la indiferencia de Dios, pero una garantía de que eres parte de su familia y te está dando tratamiento familiar!

¿Cuándo es que ella inflige esta horrible experiencia a sus jóvenes? Ciertamente no es cuando son muy jóvenes, antes de que sus alas y plumas estén totalmente formadas pero quizá más pronto de lo que esperáramos. Mi conjetura es que ella agita el nido cuando instintivamente sabe que sería peligroso para ellos quedarse más.

Los polluelos pueden no compartir su opinión ya que ellos gozan la increíble vista desde el nido, arriba en las rocas y también el arribo seguro y predecible de la comida diaria que ni siquiera tuviste que ordenar por internet. Sólo aparece, preparada amorosamente y suficiente para cada necesidad. ¿Qué podría ser más acogedor y confortable? ¿Quién necesita un cambio? Quizá tu hermano o hermana son un poco molestos de vez en cuando, pero es un precio muy bajo que pagar por todas las comodidades y privilegios de ser un águila que tiene un nido con un menú diario garantizado y una gran vista.

A su complaciente y delicioso estilo de vida viene el ojo escrutador de la madre águila. ¡Es hora de agitar el nido! Ella sabe lo peligroso que es para ellos el estar ahí por más tiempo. Los padres ven peligros ocultos mucho antes que los jóvenes lo vean. Ella se cierne sobre ellos, agita el nido, hace difícil el seguir ahí por más tiempo. ¿Quizá los jóvenes se están preguntando qué mosca le picó? ¿Salió del nido esta mañana del lado incorrecto?

No, esta no es una falla del lado de los padres. Ella sabe exactamente lo que está haciendo. Por supuesto que los jóvenes pueden malinterpretar el giro de los acontecimientos. Conforme las ramitas van desapareciendo del nido sobre el acantilado y chocan sobre las rocas, el miedo no es irracional o fuera de lugar.

¿No te importa?

Frecuentemente el miedo es nuestro más grande enemigo durante la disciplina y el entrenamiento paterno. ¿Se ha olvidado Dios de mí? ¿Por qué permite Dios que esto suceda? Los israelitas acusaron a Moisés de traerlos al desierto para matarlos, y los discípulos atrapados en el mar durante una noche tormentosa, preguntan "¿No te preocupa que perezcamos?" el miedo rige la situación. El terror domina la escena.

¿Por qué son los creyentes sujetos a tales experiencias? ¿Por qué son los polluelos empujados fuera de su nido arriba en el acantilado? Hay una sencilla respuesta. Las águilas nacen en "lugares celestiales". No tuvieron que trabajar para llegar ahí. No escalaron la empinada cara de la roca. ¡El cascaron se abrió y ahí nacieron! Es todo lo que conocen. Pero el hecho sigue siendo que las águilas nacieron para volar! Nacieron para gobernar el cielo. Sus alas son majestuosas. No son pavos o gallinas graznando. No fueron creadas para ser pasivas, estancadas viviendo en el nido.

Necesitan crecer hacia su destino y el padre sabe que se necesita para eso –¡acabar con el nido!

Pero no dejemos de ver el lado tierno tan bellamente desplegado. Cuando pasamos por tiempos así quizá queramos preguntar dónde está Dios. ¿Por qué es oculto mi camino de Dios? El hecho es que en este tiempo precario, el ojo del águila madre nunca ha estado más enfocado en sus jóvenes.

Anteriormente ella había volado frecuentemente largas distancias en busca de comida. Ahora, mientras destruye el nido y revolotea sobre ellos, está observando diligentemente cada movimiento. No es una madre ausente e indiferente, pero como Dios, una ayuda muy presente en problemas.

Mientras caen y experimentan el primer tirón acrobático en sus alas, los jóvenes encuentran su deleite al ser cachados sobre sus alas (Deuteronomio 32:11). Por siempre los sostiene entre sus brazos (Deuteronomio 33:27). Ella no ha abdicado a sus responsabilidades. Los está entrenando para la vida y su propósito y celosamente cuida de ellos durante el proceso. Pronto volarán como ella. Pronto compartirán sus habilidades y remontarán desplegando el parecido familiar.

Como creyente, tú también has nacido para sentarte con Cristo en las regiones celestiales, con una capacidad para el vuelo. Pero sin disciplina y entrenamiento nunca lograrás tu pleno potencial. Una predictibilidad aburrida y la inercia de una vida vivida en el nido, minan tu verdadera identidad, así que aprende a abrazar las dificultades como un buen soldado y sé entrenado por la gracia de la disciplina para que puedas compartir la robusta y triunfante santidad de Cristo.

12

Mantente en sintonía con el Espíritu

La ley externa no te puede transformar, así que Dios provee un nuevo corazón y un nuevo espíritu. Él pone sus deseos dentro de ti y te da nuevos apetitos y preferencias. Su Espíritu te da nueva vida y libertad y reemplaza la "antigüedad de la ley" en tu experiencia.

En este capítulo también notaremos que la presencia del Espíritu de Dios que nos da poder no significa que no necesitaremos más instrucción o exhortación. No debemos temer que las exhortaciones del Nuevo Testamento nos pongan otra vez "bajo la ley". Hasta que "lo perfecto venga" necesitaremos no sólo rendirnos a nuestros deseos internos, sino también a los llamamientos y mandamientos de las Escrituras para convertirnos en vencedores sobre el mundo, la carne y el Diablo.

Mantente en sintonía con el Espíritu

Jeremías, el profeta llorón, es conocido por sus terribles advertencias a Israel y por profetizar que serían expulsados de la Tierra Prometida. El rayo de luz que contrastaba con sus tristes presentimientos era la maravillosa promesa que en un futuro Dios haría un nuevo pacto con su gente. En contraste a la imposición de una ley externa, Él se iba a relacionar con ellos de una forma interna "Pondré mi ley en su mente, y la escribiré en su corazón" (Jeremías 31:31-33).

Ezequiel proclamó un mensaje semejante, "Les daré un nuevo corazón, y les infundiré un espíritu nuevo; les quitaré ese corazón de piedra que ahora tienen, y les pondré un corazón de carne. Infundiré mi Espíritu en ustedes, y haré que sigan mis preceptos y obedezcan mis leyes" (Ezequiel 36:26-27).

La ley grabada en piedras había fallado en producir santidad en Israel y, después de repetidas advertencias proféticas, ellos experimentaron el juicio final – fueron desterrados de la tierra. Sin embargo, Dios no se lavó las manos de su gente o sus propósitos sino que confiadamente comenzó a predecir un nuevo día y un nuevo pacto que tendría éxito. La culpa, el fracaso y la muerte finalmente serían vencidas. Un valle de huesos secos sería convertido en un ejército numeroso. Esto se llevaría a cabo por una fresca actividad del Espíritu del Señor (ver Ezequiel 37). Se necesitaba más y ahora se prometía más en la forma de un nuevo pacto.

Un nuevo pacto

Pasaron los siglos hasta que en una noche memorable, Jesús de Nazaret se reunió con sus discípulos a celebrar la Pascua y dijo de manera sencilla pero majestuosa "Esta copa es el nuevo pacto en mi sangre, que es derramada por ustedes" (Lucas 22:20). Su sangre pronto sería derramada para establecer la nueva forma en que Dios se relacionaría con su pueblo. Cristo, nuestra Pascua, daría su vida. Como Juan el Bautista había dicho "He aquí, el Cordero de Dios que quita el pecado del mundo" y añadiría "Yo los bautizo a ustedes con agua, pero está por llegar uno más poderoso que yo … Él los bautizará con el Espíritu Santo y con fuego" (Lucas 3:16).

Juan el Bautista, introdujo a Jesús de dos formas –el Cordero que quita el pecado y Él que bautiza con el Espíritu Santo. Es como si hubiera dicho "yo te sumerjo en agua, pero ¡viene uno que te sumergirá en poder santo!" Juan era el heraldo del día de la venida del Señor en poder. En uno de los grandes días de fiesta, Jesús se paró y prometió que la venida del Espíritu Santo sería como ríos de agua viva fluyendo desde el interior de aquellos que creen en Él.

En el aposento alto, Jesús llamó la atención de sus discípulos hacia este tema más que a ningún otro. "Viene otro Consolador, el Espíritu de verdad que vive con ustedes y estará en ustedes" (Juan 14:16,17). El Espíritu Santo los fortalecería desde dentro. Sería como si Jesús estuviera otra vez en persona con ellos, pero esta vez no como un amigo externo, sino uno que está dentro siendo su guía, maestro, motivador, fuente de energía, impartidor de audacia y transformador de vida. Ellos no debían salir de Jerusalén hasta ser revestidos con el poder de lo alto y recibir la promesa del Padre (ver Lucas 24:49).

En el día de Pentecostés sucedió un evento explosivo. Vino del cielo un ruido como el de una violenta ráfaga de viento y llenó toda la casa donde estaban reunidos. Fuego se posó sobre cada uno de ellos y fueron llenos del Espíritu Santo. El gozo, libertad, autoridad, denuedo y amor que no conocía limites. Ellos eran una gente transformada.

Miles fueron salvos y añadidos a la nueva y creciente comunidad de creyentes. La generosidad entre ellos excedía cualquier cosa que el Antiguo Testamento requería. El amor de Dios fue derramado en los corazones por el Espíritu Santo que les había sido dado. La medida del abrumador, inmensurable y divino amor fluía a ellos a tal grado que ya no consideraban las cosas como suyas. No más del obediente diezmo y el medir cuidadosamente una decima parte, ellos libremente compartían todo según la necesidad de cada uno. Su experiencia espiritual los revolucionó desde el interior. Fueron tomados por borrachos por sus enemigos pero su transformación interna sobrepasaba el reino de la emoción. ¡Tocó sus bolsillos! Eran genuinamente gente transformada. Habían sido introducidos a un poder que los liberaba de sus actitudes normales hacia el dinero y el interés personal, haciéndolos fenomenalmente generosos y libres.

Pablo le explicó a la iglesia en Roma que esto era de lo que se trataba el Nuevo Testamento. La venida del Espíritu en poder sobre la vida de la gente para liberarlos hacia un nuevo estilo de vida. Lo que la ley no pudo lograr en nosotros debido a que era obstaculizada por nuestra carne, Dios lo logró condenando al pecado en la naturaleza humana en su propio Hijo, para que se cumplieran los requisitos de la ley en nosotros que no caminamos de acuerdo a la carne sino al Espíritu (ver Romanos 8:3-4).

El Espíritu de vida

Por lo tanto, el Espíritu es la clave en nuestra nueva relación con Dios. Aunque la autoridad externa de la ley ha llegado a su fin, esto no significa que el objetivo de justicia se haya abandonado. Al contrario, lo que la ley no pudo lograr por ser el pecado más fuerte que la ley, Cristo y el Espíritu ahora lo han logrado. La venida del Espíritu marca el fin del tiempo de la ley hacia el creyente. Así que ahora tú sirves a Dios con el nuevo poder que nos da el Espíritu, y no por medio del antiguo mandamiento escrito (Romanos 7:6).

Cristo ha llevado en su cuerpo la condenación que te merecías para que puedas ser libre, no solo de tu culpa sino de la era de "guardar la ley" como base de la relación con Dios. Ahora una nueva "ley" trabaja en tu interior. "La ley del Espíritu de vida te ha liberado de la ley del pecado y de la muerte" (Romanos 8:2). Como lo prometió Ezequiel, la venida del Espíritu Santo trae vida a lo que anteriormente estaba muerto. El Espíritu te libera de la tiranía del pecado por su poderosa presencia en ti. Pablo quiere que no sólo aprecies el gran trabajo de Cristo al aplastar la condenación por medio de la cruz, sino que también aprecies el poder impartidor de vida que viene a ti por la presencia de su Espíritu, quien por su poder cumple en ti lo que la ley externa no pudo cumplir.

Los creyentes neotestamentarios eran esencialmente gente del Espíritu Santo y se caracterizaban por el poder y la presencia del Espíritu Santo. Cuando Pablo estando en Éfeso, se encontró con un pequeño grupo. Su pregunta inicial no fue lo que la nuestra sería "¿Eres cristiano?" o "¿Has sido salvo?" Él preguntó "¿Recibieron ustedes el Espíritu Santo cuando creyeron?" (Hechos 19:2). De forma similar, cuando retó a los gálatas sobre su experiencia, Pablo no preguntó "¿Fueron salvos por obra de la ley o por el oír en fe?" Él preguntó "¿Recibieron el Espíritu por las obras que demanda la ley, o por la fe con que aceptaron el mensaje?" (Gálatas 3:2). Su preocupación era que fueran gente con el poder del Espíritu, ésta era su identidad esencial. Nuevamente en 1 de Tesalonicenses 4:8, él no se refiere al "Dios que los salva" sino "Dios, quien les da a ustedes su Espíritu Santo". Esta es la clase de Dios que es. El Espíritu Santo no sólo fue dado a los apóstoles para habilitarlos a predicar con poder; él también habilita a los creyentes para recibir la palabra en medio de gran tribulación "con la alegría que infunde el Espíritu Santo" (1 Tesalonicenses 1:6). El Espíritu Santo les inspira gozo en medio de la persecución.

Mientras que la congregación que seguía a Moisés en el desierto se caracterizaba por murmurar, refunfuñar y quejarse, la iglesia de Jesucristo era conocida por ser llena del Espíritu Santo y de gozo.

Cristo ha hecho lo que la ley fue incapaz de hacer. El dominio que el pecado tenía sobre nuestras vidas fue roto por el poder del Espíritu que mora en nosotros. Ahora nuestra responsabilidad es obedecer lo que Gordon Fee llama "el último imprescindible" que es "ser llenos del Espíritu" (Efesios 5:18). Él es el agente de cambio de Dios. Él cumple en nosotros, la promesa del nuevo pacto. El antiguo pacto ha sido declarado "obsoleto" por el autor de la epístola a los Hebreos (ver Hebreos 8:13). Estamos en un nuevo día de gracia que encierra la promesa "Vivan por el Espíritu, y no seguirán los deseos de la naturaleza pecaminosa" (Gálatas 5:16). Esto no es una exhortación o suplica a nosotros para que tratemos de ser santos. Es una exposición de hechos; ¡La categórica promesa de Pablo!

Al gozar de una constante vida llena del Espíritu, la nueva energía producirá frutos de amor dentro de nosotros. El amor de Dios es derramado en nuestros corazones por el Espíritu Santo que nos ha sido dado (Romanos 5:5). Douglas Moo lo llama "una efusión abundante y extravagante" (Douglas Moo, *The Epistle to the Romans*, NICNT, Eerdmans, 1996). Tal efusión dada por Dios es una poderosa fuerza que cambia vidas.

Pablo declara claramente que en el nuevo día, donde la observancia de la ley no es más el camino para vivir una vida santa, el generoso regalo de Dios del Espíritu Santo era suficiente y adecuado para alcanzar sus propósitos en su pueblo. Como Thomas Schreiner dice "Pablo evita el tipo de reglamentación detallada que se encuentra en el Mishná. En vez de esto, el cree que el Espíritu fortalece y faculta a los creyentes para que complazcan a Dios. El anuncia nuestra libertad en Cristo, evitando una ética sofista u orientada a reglamentos" (Thomas R Schreiner, *Paul, Apostle of God's Glory in Christ*, IVP, 2001).

Lo perfecto está aún por venir

Habiendo establecido la base esencial de la vida del nuevo pacto, facultada por el Espíritu Santo, Pablo no fue lento en dar instrucciones y mandamientos a las jóvenes iglesias que había formado. De cierto, el secreto de su éxito fue la nueva infusión de vida que habían disfrutado. Eran esencialmente gente del Espíritu. El prometido día del derramamiento había venido. No obstante, Pablo sabía que lo perfecto estaba aún por venir (1 Corintios 13:10). No vivimos en una sociedad ideal, pero esperamos por la nueva y gloriosa tierra y por los nuevos y glorificados cuerpos que se nos han prometido. Tenemos este tesoro en vasijas de barro. Batallamos con el mundo, la carne y el demonio, así que mientras vivimos en condiciones imperfectas, requerimos de instrucción, exhortación y aun mandamientos que son dados por los apóstoles a las iglesias.

Puedes argumentar "Si estamos bajo la gracia, ¿Qué quieres decir con mandamientos? ¿No sería esto ponernos bajo la ley?" ¡Definitivamente no!

Todas las exhortaciones del Nuevo Testamento nacen de una base de gracia y son el resultado de nuestra nueva vida en Cristo. Es por "la misericordia de Dios" que Pablo nos exhorta "en adoración espiritual, ofrezca su cuerpo como sacrificio vivo, santo y agradable a Dios. No se amolden al mundo actual, sino sean transformados mediante la renovación de su mente. Así podrán comprobar cuál es la voluntad de Dios, buena, agradable y perfecta" (Romanos 12:1-2). En vista de todo lo que Dios ha hecho por ti, eres exhortado a responder en una forma espiritual o racional. Los nuevos conversos no entienden instantáneamente el agradar a Dios. Su pensamiento debe ser renovado e informado por la verdad para que puedan comprender y responder adecuadamente.

De manera similar, Pablo no impone a los filipenses una serie de reglas pero ora por ellos para que su amor abunde cada vez más en conocimiento y en buen juicio para que disciernan lo que es mejor (ver Filipenses 1:9-10). Como DA Carson dice "Pablo se niega a establecer arbitrariamente una serie de puntos de control contra los cuales los cristianos se midan a sí mismos; se niega a levantar aros a través de los cuales los creyentes deben saltar. En vez de esto, él simplemente ora a su Padre celestial y le pide que estos creyentes puedan buscar lo que es mejor" (D A Carson, *A Call to Spiritual Reformation*, Baker, 1992).

No estamos en piloto automático

Las declaraciones de verdad sobre nuestra nueva identidad en Cristo siempre son seguidas de exhortaciones y súplicas. Debido a lo que Dios ha hecho en nosotros a través de su Espíritu, podemos responder de todo corazón a estas súplicas, pero debemos notar la advertencia de Thomas Schreiner: "La vida en el Espíritu no se puede reducir a piloto automático o control de crucero y a pesar de que los creyentes de Galacia recibieron el Espíritu por fe, Pablo teme que se aparten de sus primeros pasos (Gálatas 3:1-3). Aparentemente, los creyentes necesitan amonestaciones para vivir por medio del Espíritu" (Thomas R Schreiner, *Paul, Apostle of God's Glory in Christ*, IVP, 2001). Pablo no creía que el exhortar a los creyentes, contradijera la realidad del Espíritu en su vida o los pusiera nuevamente bajo la ley.

Note como Pablo toca este pecado en particular que avergonzaba a la iglesia de Corinto. Hubiera sido muy fácil para Pablo el citarles la ley. Pudo haberles dicho, "¿Qué no se saben el séptimo mandamiento, "No debes cometer adulterio"?" En vez de esto fue consistente a sus convicciones neotestamentarias y abordó el tema de diferente manera, "¿No saben que sus cuerpos son miembros de Cristo mismo?" y "¿Acaso no saben que su cuerpo es templo del

Espíritu Santo?" (1 Corintios 6:15,19). En términos del nuevo pacto, no era sólo que se había roto una ley dada por Dios, pero que el mismo templo o lugar donde mora Dios había sido profanado. ¿Cómo alguien que es uno en el Espíritu con Cristo puede volverse una carne con una prostituta? (ver 1 Corintios 6:15-17).

Ciertamente los creyentes neotestamentarios estaban conscientes de los mandamientos que eran apropiados para su nueva postura como santos (los nuevos "santos" de Dios). Ellos debían caminar dignos de su llamamiento. Esto no tenía nada que ver con volver a las leyes del Antiguo Testamento como el ser circuncidado como los judaizantes sugerían. De hecho, Pablo hizo una declaración sorprendente "Para nada cuenta estar o no estar circuncidado; lo que importa es cumplir los mandatos de Dios" (1 Corintios 7:19). Para Pablo, el volver a cosas como la circuncisión era el error final. En Filipenses 3, Pablo se reserva su más fuerte crítica contra el partido de la circuncisión. Los llama literalmente "mutiladores", los tiene por "perros" y "hacedores de maldad" a quienes hay que evitar a todo costo. Pablo arguye que nosotros somos la verdadera circuncisión, los que por medio del Espíritu de Dios adoramos, nos enorgullecemos en Cristo Jesús y no ponemos nuestra confianza en esfuerzos humanos (ver Filipenses 3:2,3).

Sin lugar a dudas, todos los cristianos sin importar cuán maduros son, necesitan instrucciones específicas tanto en que evitar y que perseguir en su vida cristiana. Habiendo exhortado a los efesios a ser llenos del Espíritu Santo, Pablo continúa demostrando el cómo de la vida cristiana aplicando mandamientos específicos.

Es de suma importancia, que en esta vida llena de gracia, insistamos que el amor es el corazón y el alma de la instrucción de Pablo. Todos los mandamientos de la ley se pueden resumir en amar a tu prójimo (Romanos 13:8-10, Gálatas 5:14). Habiendo dicho esto, las exhortaciones de Pablo dan ciertos parámetros acerca de cómo debe verse la vida llena de amor. Si no fueran necesarios ciertos mandamientos, no sería necesaria la exhortación. Todo lo que Pablo necesitaría decir seria "Ama". Se dan más especificaciones porque es muy fácil que nos engañemos a nosotros mismos acerca de lo que es el verdadero amor. Ciertos mandamientos le dan forma y sustancia al llamado a amar. El imperativo esencial "sé lleno del Espíritu" (Efesios 5:18) es seguido de claras instrucciones sobre sumisión y sacrificio por parte de la esposa y el marido respectivamente (Efesios 5:22-28).

Una vida santa es el fruto del Espíritu (Gálatas 5:22-23), el resultado de la obra del Espíritu y el poder en la vida de un cristiano. Los creyentes vencen la carne y el poder de la ley al caminar y ser guiados por el Espíritu (Gálatas 5:16,18). Triunfar sobre la envidia y el orgullo viene al estar en sintonía con el Espíritu (Gálatas 5:26). Sólo a través de la obra del Espíritu, el creyente puede guardar los mandamientos. Así que el estar bajo la gracia y no la ley no implica estar libre de exhortaciones o mandamientos. La vida en el Espíritu y la libertad en el Espíritu no son apagadas por los mandamientos. Los mandamientos son compatibles con la vida en el Espíritu.

Los cristianos llenos del Espíritu que gozan de la gracia de Dios aun necesitan ser exhortados y necesitarán mucha exhortación hasta que "venga lo perfecto". Vendrá un día en el que viviremos en cuerpos glorificados en un planeta glorificado, cuando todo lo que corrompe y el mismo Satanás habrán sido destruidos. Entonces no habrá necesidad de exhortación. No habrá tales enemigos como el mundo, la carne y el demonio y podremos hacer lo que San Agustín sugiere "Ama a Dios y haz lo que quieras" pero hasta que lo perfecto venga, necesitaremos ser exhortados y no debemos temerle o tomarlo como legalismo.

Nuestro siguiente capítulo, trata con la gracia de dar y nos proveerá con un ejemplo del fundamento esencial de la gracia y también del método apostólico basado en la gracia para exhortar a producir el fruto que Dios anhela en su iglesia.

13

La gracia de dar

Este capítulo muestra un ejemplo de cómo la vida llena de gracia, trabaja día con día y dónde tiene parte la exhortación apostólica en esto.

La gracia también nos guía hacia una aventura emocionante del dar fielmente, prueba la bondad de Dios y su habilidad de hacer siempre que la gracia abunde para que siempre tengamos suficiente para cada buena obra.

La gracia de dar

La gracia por su propia naturaleza fluye –más como un rio fluyente que uno estancado. La evidencia de que hemos sido tocados por la gracia, es la transformación que viene a nuestras vidas. Una vez que hemos sentido su poder liberador no podemos permanecer igual.

Un maravilloso derramamiento de gracia tuvo lugar en Jerusalén, en el día de Pentecostés. Las multitudes estaban reunidas para el día de fiesta, como lo habían hecho pocas semanas antes para la Pascua, cuando habían entregado a Jesús y arrinconado a Pilato para que lo crucificara –el más grande evento de rebelión voluntaria en la historia del mundo. Te puedes imaginar a los ángeles preguntándose cómo sería derramado el castigo de Dios sobre los culpables.

Esto me recuerda de un evento en el Antiguo Testamento, cuando Moisés subió al monte Sinaí y en su ausencia, el pueblo de Israel le pidió a Aarón que les hiciera un becerro de oro para que lo adoraran. Cuando volvió Moisés, cargando las tablas de la ley, la rebelión fue juzgada rápidamente. Tres mil murieron en un sólo día.

Ahora el pueblo de Israel no había hecho un becerro de oro y rechazado a Moisés; ¡habían crucificado al Rey de

Gloria y asesinado a su Salvador! ¿Cuál sería la respuesta de Dios a tan horrenda vileza? Los discípulos no bajaron del aposento alto como mensajeros del terrible juicio de Dios. ¡De manera contraria, ellos anunciaban el evangelio de gracia y 3,000 fueron hechos salvos! A la gente que merecía juicio se le perdonó libremente y fueron llenos de la presencia del Espíritu Santo.

Gran gracia estaba sobre todos ellos y fueron a tal grado transformados, que cedían su derecho exclusivo sobre sus posesiones y las compartían con aquellos que tenían necesidad aparente. Como resultado, no había persona necesitada entre ellos. Un derramamiento de la gracia trajo como resultado la transformación de una comunidad.

Algunos años más tarde, al escribir a la iglesia de Corinto, Pablo quería que ellos gozaran de una experiencia similar. Planeaba reunir una ofrenda entre ellos para ser compartida con los creyentes pobres de Jerusalén. Es ilustrativo observar su método registrado para nosotros en 2 Corintios 8:1-9 y 9:6-15.

No mandamientos

Primero, nota lo que *no* hizo. No señaló la ley ni los obligó a dar. De hecho fue explícito sobre esto: "No es que esté dándoles órdenes" (2 Corintios 8:8). El apóstol no los obligó a dar, ni les dijo que Dios lo requería de ellos. El mandamiento del Antiguo Testamento de dar el diezmo ni siquiera es mencionado.

Por otro lado, tampoco lo deja a su motivación propia. No estaba contento en asumir que si el Espíritu Santo quería que ellos dieran, ellos automáticamente responderían a sus impulsos interiores. Pablo no era de la actitud expresada frecuentemente por cristianos británicos, que piensan que no está bien hablar sobre el dinero.

¿Cuál era el método apostólico? Pablo les dio a los corintios otro ejemplo. Les habló del como las iglesias de Macedonia dieron sacrificadamente, y mostró el tema de una forma fascinante. Primero les dijo: "queremos que se enteren de la gracia que Dios ha dado a las iglesias de Macedonia"

(2 Corintios 8:1) antes de hablar del extraordinario dar de los macedonios, Pablo señaló la poderosa gracia que Dios les había dado. Se requiere que la gracia de Dios te libere para dar extravagantemente. Se requiere que la gracia de Dios te libere de tu tendencia natural a amasar dinero y poner tus necesidades en primer lugar. La gracia necesita penetrar y liberarte.

La gracia liberó a los macedonios de tal forma que "en medio de las pruebas más difíciles, su desbordante alegría y su extrema pobreza abundaron en rica generosidad. Soy testigo de que dieron espontáneamente tanto como podían, y aún más de lo que podía, rogándonos con insistencia que les concediéramos el privilegio de tomar parte en esta ayuda para los santos." (2 Corintios 8:2-4). Noten que Pablo no comienza por decir lo impresionado que está con los macedonios. Él primero hace notoria la fenomenal presencia de la gracia de Dios.

Primero se entregaron a sí mismos

La gracia de Dios fue tan efectiva que los macedonios no sólo dieron en lo financiero sino "ya que se entregaron a sí mismos, primeramente al Señor y después a nosotros, conforme a la voluntad de Dios" (2 Corintios 8:5). Su respuesta a la gracia fue una absoluta devoción a Dios. Primero se dieron al Señor. ¡Hasta que te entregues tú mismo, cada peso que des es una batalla! Mientras consideres tus posesiones como tuyas y a tu entera disposición, serás vulnerable a un permanente conflicto interior. Los macedonios habían experimentado la gracia liberadora, por lo cual se dieron primero a sí mismos. Cuando tomas este paso, todo lo que es tuyo pasa a estar dentro de la órbita del control de Dios, y el dar como Dios manda, es un asunto de continua obediencia.

Pablo prosigue a explicar que no sólo se entregaron a sí mismos al Señor, sino que también se entregaron a los apóstoles. Esto no fue un modo de piedad, sino darse a sí mismos demostrado en una devoción práctica y contribución a la misión apostólica. Se dieron a sí mismos a Pablo y a sus colaboradores, identificándose plenamente con su llamado.

Así que no era un asunto personal y privado, sino el resultado y propiedad conjunta de la misión apostólica, una asociación de fidelidad y la gracia.

En la construcción de su iglesia, Dios quiere que no sólo nos demos a Él, pero que también nos demos en forma tangible con la gente que Él ha ungido y levantado. Estos macedonios se dieron con alegría a Pablo, recordando sin lugar a dudas como él se había dado primeramente a ellos en servicio sacrificado, encarcelamiento y persecución mientras traía el evangelio a sus pueblos.

El compartir sus finanzas era parte de una vida comunitaria, como comenzó en el día de Pentecostés. El Nuevo Testamento no cambió el dar de los creyentes de un 10% a un 15% ni lo bajó a un 7%. El poderoso nuevo pacto produce un pueblo en el que se unen unos a otros en amor. La gracia de Dios unió sus corazones tan profundamente, que sus bolsillos fueron tocados y el dar los caracterizaba.

Escribiendo a los corintios, Pablo añadió otra motivación cuando los exhortaba a dar. Los felicitó en muchos aspectos de su vida cristiana, sobretodo en fe, en palabras, en conocimiento, en dedicación y en su amor hacia nosotros (ver 2 Corintios 8:7). Ahora los exhortaba para asegurarse que su experiencia cristiana fuera completa que "también sobresalieran en esta gracia de dar" (2 Corintios 8:7). Su objetivo era un discipulado cristiano completo, para que ellos no sobresalieran en algunas áreas y se fueran arrastrando en otras. Para Pablo la meta era una madurez bien balanceada.

En otras palabras, Pablo les decía a los corintios que eran una increíble iglesia carismática. Siendo extraordinarios en sus dones espirituales, su conocimiento, su poder, sus palabras. ¡Sobresalen en tantos dones, pero no sean desequilibrados! También sobresalgan en su dar. No sólo hables en lenguas. No seas sólo un profeta. Sé un dador. ¡Sé un cristiano completo! Sobresale en cada área posible.

¡El hecho es que Dios quiere que estés seriamente comprometido en el dar tu dinero! ¿Es así como te describes a ti mismo? La generosidad es una de las claves características de una persona llena de gracia. Ojo, hay peligro cuando evalúas tu espiritualidad selectivamente.

Amor sincero

Prosiguiendo, Pablo dice: "Quiero probar la sinceridad de su amor" (2 Corintios 8:8). Santiago nos advierte que " la fe sin obras está muerta" (Santiago 2:26). No es difícil cantarle una canción de devoción al Señor Jesús y decirle lo mucho que lo amas, pero las palabras son baratas, son fáciles.

Recuerdo bien una ocasión en mi iglesia local en Brighton, se acercaba un día especial para ofrendar. Nos habíamos puesto una meta muy alta, y conforme se acercaba el día, éste estaba muy cercano al día de vencimiento de una inversión que yo tenía. Como esposo y padre responsable, yo había invertido por siete años en un fondo gubernamental llamado TESSA. Si invertías sistemáticamente, no tenías que pagar impuestos y el capital se había acumulado durante los años. ¡El día de ofrendar se acercaba y también el vencimiento de mi TESSA!

Un domingo, estábamos cantando una preciosa alabanza que comienza "Te alabaré con todo mi corazón" y llegamos a una parte que dice "Yo confío en ti, te doy todo", me uní con los hombres para cantar la parte del coro y las mujeres corearon "… te doy todo". Escuché a Dios hablar a mi espíritu diciendo "Muchas gracias, yo tendré a TESSA". Dios estaba probando la sinceridad de mi alabanza. Su gracia suavizó mi corazón y pude soltar mi inversión. Como iglesia, una vez más llegamos a la meta en nuestro día de ofrendar, porque muchos individuos respondieron obedientemente al llamado de Dios.

Finalmente Pablo se refirió a su motivación principal: "Ya conocen la gracia de nuestro Señor Jesucristo, que aunque era rico, por causa de ustedes se hizo pobre, para que mediante su pobreza ustedes llegaran a ser ricos" (2 Corintios 8:9). La principal motivación para todo creyente, se encuentra en que nuestro Señor Jesús se dio a sí mismo. La gracia que él demostró en la cruz compra nuestros corazones. Él que era el más rico de todos, se hizo pobre. No dio sus tesoros, pero se dio a sí mismo hasta el punto de no tener donde recargar su cabeza. Dejando atrás su gloria celestial, tomó la forma humana y se humillo a sí mismo hasta la cruz. La gracia de nuestro Señor Jesucristo viene a hacernos libres. El precio que Él tuvo que pagar, reta cualquier falso valor y gana nuestros corazones.

Al invitar a los corintios a dar generosamente, Pablo señaló sin avergonzarse, el dar de nuestro Señor Jesucristo, creyendo que sus corazones serían tocados y su generosidad sería avivada.

Jesús se sentó y observó

Pablo no sólo dice: "demos generosamente". Es más específico. Comienza a hacer una distinción entre las personas. "Recuerden esto: El que siembra escasamente, escasamente cosechará, y el que siembra en abundancia, en abundancia cosechará" (2 Corintios 9:6). Pablo sabe bien que cuando se recoja la ofrenda, la gente responderá de diferentes formas. La generosidad se mostrará aquí, remilgos allá. Pablo, como Jesús hizo, hace notar la diferencia. "Jesús se sentó frente al lugar donde se depositaban las ofrendas, y estuvo observando cómo la gente echaba sus monedas en las alcancías del templo" (Marcos 12:41). La mayoría de los pastores cuando es el tiempo de ofrendar, se voltean hacia otro lado. Muchos ujieres no miran para ver cuánto diste. Jesús era diferente. Se sentó enfrente y observó lo que estaban haciendo y distinguió entre los dadores y evaluó su motivación. Dios se interesa intensamente en nuestro dar.

Pablo no quiere que la gente dé a regañadientes o por obligación, pero que "Cada uno debe dar según lo que haya decidido en su corazón" (2 Corintios 9:7). El dar no es una cosa casual. No se trata del cambio que traes o de lo que queda al final de un mes muy demandante. El dar tiene que ver con el propósito de tu corazón, priorizando poner primero el reino de Dios. ¡Dios quiere que des lo que es justo, no lo que te sobra!

Las Escrituras nos animan a mantener nuestros corazones diligentes, porque los asuntos de la vida manan de nuestro corazón. Por lo tanto, nuestro dar, debe ser un propósito del corazón. Dios no es glorificado con ofrendas hechas a regañadientas. Los corazones agradecidos por la gracia de Dios son libres para dar. "Dios ama al dador alegre" (2 Corintios 9:7). El dar bajo protesta no es la idea de Dios de un dador alegre.

Sembrar y cosechar

Posteriormente, Pablo introduce un tema inesperado. Comienza hablar sobre el sembrar y cosechar prometiendo "El que siembra escasamente, escasamente cosechará, y el que siembra en abundancia, en abundancia cosechará" (2 Corintios 9:6).

Podemos preguntar ¿qué tiene que ver el dar con el sembrar? Claramente son dos actividades diferentes. Cuando das algo, ya no te pertenece. Cuando das, tienes menos de lo que tenías antes. Solías tener cuatro, das dos; ahora sólo tienes dos. Sembrar es totalmente otro principio. Cuando siembras no pierdes lo que tenias, ya que sometes lo que tenias a un proceso. Si siembras algo, lo haces anticipando que algo va a pasar. Al sembrar no estás regalando. No representa una pérdida.

Pablo llama el dar "sembrar", e introduce un principio que anticipa la multiplicación de una semilla donde Dios mismo participa en una actividad sobrenatural. "El que le suple semilla al que siembra también le suplirá pan para que coma, aumentará los cultivos y hará que ustedes produzcan una abundante cosecha de justicia. Ustedes serán enriquecidos en todo sentido, para que en toda ocasión puedan ser generosos, y para que por medio de nosotros la generosidad de ustedes resulte en acciones de gracias a Dios" (2 Corintios 9:10,11).

Si eres un sembrador, Dios te dará más semillas. Si te involucras activamente en dar, Dios multiplicará tus recursos para que puedas dar más.

Serás tentado a pensar que suena a lo que algunos llaman

"predicación de prosperidad" como lo puedes oír de un tele evangelista americano. El hecho es que es totalmente un principio bíblico. Jesús mismo dijo, "Den, y se les dará: se les echará en el regazo una medida llena, apretada, sacudida y desbordante. Porque con la medida que midan a otros, se les medirá a ustedes" (Lucas 6:38).

Pablo añade que: "Y Dios puede hacer que toda gracia abunde para ustedes, de manera que siempre, en toda circunstancia, tengan todo lo necesario, y toda buena obra abunde en ustedes" (2 Corintios 9:8).

Al hablar de abundante "gracia" en este versículo, es claro que Pablo se refiere a la habilidad de Dios a multiplicar tus finanzas, como el resultado de un sembrar en fe, a través del dar. El concepto moderno de "semilla de fe", que se ha popularizado por unos tele evangelistas americanos, no debe ser permitido para que cierre la mente de creyentes amantes de la Biblia, sólo por el hecho del exceso con que se asocia a la aplicación de esta enseñanza.

Charles Hodge, el comentador bíblico reformado y conservador de una era anterior a la televisión, dice de este pasaje: "La referencia no habla sobre riquezas interiores espirituales, pero el contexto total habla de que Pablo trata con riquezas terrenales. El dar es, para el ojo natural, la forma de vaciar nuestra tienda, no de incrementarla. La Biblia dice que ésta es la forma de incrementarla" (Charles Hodge, *The First Epistle to the Corinthians*, Banner of Truth, 1959). Hodges añade que, a pesar de que ésta enseñanza pareciera apelar a una forma carnal del dar y recibir, éste no es el caso. Dice: "es edificante notar la diferencia entre la sabiduría divina y la sabiduría de los hombres. La sabiduría humana está mal al apelar a cualquier motivo egoísta. La sabiduría divina dice a todos aquellos que se niegan a sí mismos, que ellos están promoviendo sus propios intereses de la forma más efectiva" y añade: "es correcto presentar a los hombres las consecuencias divinas de sus acciones y los motivos para controlar su conducta. Es correcto decir a los hombres que la obediencia a Dios, la devoción a su gloria y el bien de otros promoverán efectivamente su propio bienestar" (Ibíd.)

Dios sólo te está prometiendo, que si pones en práctica sus principios de sembrar semillas, Él se compromete a multiplicarlo y de proveer de más semilla para siembras posteriores. Es una promesa bíblica que necesita fe y respuesta comprometida y es el resultado de la gracia. Dios es capaz de hacer que la gracia abunde. Muchos pueden testificar acerca de su experiencia que apoya a ésta promesa tan poderosa.

El siguiente testimonio es de una joven que es parte de mi iglesia local en Brighton, que maravillosamente ilustra el punto que estoy tratando.

> Por bastante tiempo había querido visitar a mi amiga, Gail Diana que está en México. En enero encontré un vuelo barato para fines de abril, pero no lo reservé inmediatamente. En febrero tuvimos la ofrenda especial. Oré sobre cuánto dar y decidí una cantidad. Dios me retó al respecto, así que la incrementé un poco. Coloqué el cheque en un sobre, lo sellé y me dirigí al servicio del domingo en la mañana.
>
> Terry estaba predicando y obviamente el tema era el "dar". Pensé que había puesto mucha atención, que había estado de acuerdo con lo dicho de todo corazón y entregué mi ofrenda. Fue como un tipo de mentalidad, "sobre cerrado, caso cerrado". En realidad no necesitas oír atentamente un mensaje sobre el dar cuando ya has decidido la cantidad que vas a dar. De todas formas, Dios tenía otras ideas.
>
> Mientras Terry hablaba, el Espíritu Santo me redarguyó y sugirió que quizá yo podría dar más. Para cuando terminó la predicación, por fuera yo era la misma persona calmada y reservada, mientras que en mi interior una guerra se llevaba a cabo. "¿Qué hay de México?" protestaba yo contra Dios. "Sabes que no tengo nada ahorrado. Si doy más no habrá forma de que yo pueda ir".
>
> El grupo de alabanza se reunió para la alabanza final

y yo miré las canastas de la ofrenda –grandes canastas puestas al frente. Todos se pararon a cantar y fueron al frente con sus ofrendas. Yo permanecí sentada, luchando sobre qué hacer, pidiéndole dirección a Dios. "¿Es de ti, de mi o del enemigo?" le preguntaba. "No quiero ser forzada a hacer algo que Tú no me estás pidiendo. Quizá sólo estoy estresada sobre el asunto. Oré sobre el asunto y estoy dando lo que pienso que Tú me dijiste. Entonces ¿por qué me siento así? ¿Qué debo hacer?"

La gente alrededor de mi estaba cantando y caminando hacia el frente. De repente Dios me habló. Tenía que ser su voz, porque yo no pude haber inventado lo que dijo o ni haberlo dicho como me lo dijo. Yo estaba esperando oír "Si, quiero que des más y ésta es la cantidad – zas!" En vez de esto, Él me respondió con toda ternura "Si" me dijo, "Yo sé que aprobé tu ofrenda antes de que llegaras al servicio" y añadió casi con una sonrisa paternal, "pero ¿no sería divertido dar más?" "¡divertido?!" le respondí, meditando en la idea por algunos segundos y tocando el sobre previamente sellado que tenía en mis manos. "¿¡Divertido?! ¡Yo creo que sería divertido ir a México!" pero la forma gentil como Dios me dio su respuesta y la respuesta misma me agarraron fuera de balance.

Finalmente abrí el sobre y escribí un cheque por el doble de la cantidad inicial, cambié los papeles y lo metí todo en el sobre que cerré lo mejor que pude. Me paré y puse mi ofrenda en la canasta – creo que fui la última persona en hacerlo. Mientras regresaba a mi lugar, me uní en la alabanza y me sentí feliz, no puedo negar que había lágrimas en mis ojos – el sacrificio me había costado algo. No tengo que decir que desde ese momento dejé de pensar en el ir a México – hasta el jueves siguiente, que recibí una carta inesperada de mi madre.

"Tu papá y yo quisiéramos darte un dinero para la remodelación de tu cocina" me escribió. "Te daremos la mitad del dinero este mes y el resto después" ¿Cuál era la cantidad total? ¿Era cinco veces lo que había dado? ¿Diez? ¿20 veces? Nada de esto. ¡Dios multiplicó mi ofrenda 22 veces! ¿Dónde está ése número en las Escrituras? Escrito en versículos como Lucas 8:38 "Den, y se les dará: se les echará en el regazo una medida llena, apretada, sacudida y desbordante. Porque con la medida que midan a otros, se les medirá a ustedes." Mi regazo estaba lleno de la provisión de Dios y mi corazón lleno de gratitud hacia Él.

Pero la historia no termina ahí. Por más de 20 años, como cristiana había yo operado bajo el principio de "recibir para dar". Cuando me dan dinero, doy cuando menos el 10% y algunas veces mucho más que eso. Ahora, en este caso, quería honrar a mis padres usando el dinero para remodelar la cocina –lo que, por cierto, era muy necesario. Pero tan pronto estuvo el primer depósito en mi cuenta bancaria, yo pensé, "¿qué hay del diezmo?" Una mañana Dios me dio la respuesta "Ve a México" me dijo. "Dale a Gail y a la familia de su pastor unas vacaciones en la playa y paga por ellos."

Reservé el vuelo para Abril – el cual, para mi grata sorpresa estaba aún más barato que antes, porque el día de partida era más próximo. Me reuní con Flor Evans, su hijo Johnny y su hija Florecita en Puerto Vallarta. Su esposo, John, no pudo venir y Gail se reunió con nosotros más tarde en la semana. Salimos a conocer, nos sentamos en la playa, nadamos en el mar, fuimos a pasear en lancha, comimos en restaurantes y bebimos muchas piñas coladas –todo a expensas de nuestro Padre celestial. Un día, Gail, los 2 niños y yo estábamos sobre la "banana" jalados por una lancha rápida. Florecita de once años, gritó de emoción cuando brincábamos las olas y Dios me habló "¿No fue divertido dar más?" me preguntó.

Al terminar la semana nos fuimos a Guadalajara donde conocí la obra que Gail está haciendo con los niños de la calle. Al final de la segunda semana tomé todos los cheques de viajero que me quedaban, fui al banco y los cambié, invité a todos a almorzar, compré unos cuantos regalos para llevar a casa y le di a la familia Evans todo lo que quedaba –todo, menos una pequeña cantidad que necesitaba para mi camión de regreso al aeropuerto. Cuando llegue al avión sólo tenía 8 pesos en mi bolsillo.

Ahora, México es un gran recuerdo y me regocijo sobre la preciosa cocina ya renovada. Ambos son testimonio de la maravillosa fidelidad de Dios hacia mí. Pero quizá lo que destaca más, está escondido en otro día cuando pasé otra prueba de fe, el día cuando Dios me sacó de mi zona de confort y dijo: "¿No sería divertido dar más?" – y yo le creí.

Como dice John Piper, "Lo que Pablo está diciendo es que la clave para ésta clase de generosidad alegre y sacrificial es fe en la gracia futura. Cuando confías en la gracia futura como hicieron los macedonios, tu vida se vuelve en gracia". Añade: "La clave es pasar de la gloria y garantía de gracia pasada y a poner su fe firme en la gracia futura –que Dios es capaz (en el futuro) de hacer toda (futura) gracia abundar para que todas tus necesidades sean satisfechas y que seas capaz, como los asombrados macedonios, a desbordarte con el amor de la generosidad. Ser libre de codicia viene de tener fe en la gracia futura" (John Piper, *Future Grace*, Multnomah, 1995).

Pablo termina esta sección celebrando el hecho de que su ministerio glorificará a Dios. "En efecto, al recibir ésta demostración de servicio, ellos alabarán a Dios por la obediencia con que ustedes acompañan la confesión del evangelio de Cristo, y por su generosa solidaridad con ellos y con todos. Además, en las oraciones de ellos por ustedes, expresarán el afecto que les tienen por la sobreabundante gracia que ustedes han recibido de Dios" (2 Corintios 9:13-14).

Es gracia de Dios de principio a fin. Él te favorece con su increíble bondad y después hace que tu corazón esté dispuesto a abandonar la posesividad y dar libremente. Entonces Él te lleva a un proceso que hace que la gracia abunde, supliendo gracia creciente al dador y haciéndote un canal de gracia para muchos.

¿Has permitido que la gracia de Dios te libere en ésta importante área de tu vida? Si no, ¿por qué no le dices a Dios que estás dispuesto a estar abierto a su llamado de una nueva forma y que, cuando Él te hable, tú responderás con un dar regocijante y lleno de gracia?

14
H.T.M.

¿Acaso la gracia nos enseña que no queda más, para que nosotros hagamos? ¿Acaso la gracia de Dios simplemente nos carga por el camino y nos lleva seguros a casa? ¿Acaso sólo necesitamos relajarnos y permitir que la gracia haga el trabajo por nosotros?

Este capítulo reta esta perspectiva, nos deja ver nuestras áreas de responsabilidad, el cómo hacer nuestra parte y el esfuerzo necesario para que la gracia de Dios se vea reflejada en nuestras vidas.

H.T.M. (Hazlo tú mismo)

¿Hazlo tú mismo? Sin duda, ¡esto es la antítesis misma de la gracia! ¿Qué no el punto de la gracia está basado en el hecho que yo no puedo hacerlo por mí mismo, que necesito que la gracia me ayude?

Permíteme terminar con tu confusión citando un versículo muy, muy querido por la gente que goza de la gracia de Dios: "Manténgase en el amor de Dios" (Judas vers. 21). Como ola tras ola inunda la playa, así la gracia de Dios siempre fluye hacia ti. "De su plenitud todos hemos recibido gracia sobre gracia" (Juan 1:16). Tu responsabilidad es simplemente mantenerte en el amor de Dios. No te apartes de él. No lo des por sentado. No camines en las sombras cuando puedes ir por el sol. No te apartes hacia la incertidumbre, vulnerabilidad y condenación, cuando puedes estar gozando del privilegio de la gracia y expresando apreciación constante a Dios por su maravilloso favor.

No cuestiones o dudes del amor de Dios, ni tampoco le pidas que te lo pruebe continuamente buscando señales como Gedeón. Toma la responsabilidad de mantenerte en el amor de Dios. Sumérgete en sus profundidades y elévate a las alturas. Explora su anchura. Contempla su extensión eterna. Te ha amado con amor eterno. Siempre te ha amado y nunca dejará de amarte. Nada puede separarte del amor de Cristo. Como éstas promesas son certeras, mantente con una percepción conciente de estar en el amor de Dios.

Fortalécete

Judas añade más entendimiento al versículo previo con más consejos H.T.M., como es "Ustedes, en cambio, queridos hermanos, manténganse en el amor de Dios, edificándose sobre la base de su santísima fe y orando en el Espíritu Santo" (Judas vers. 20). Algunas veces escucho a mis hijos resoplando cuando hacen sus abdominales y levantan pesas. El fisicoculturismo se ha vuelto un pasatiempo popular. Dios quiere que nos fortalezcamos, no a través del hacer lagartijas sino orando en el Espíritu Santo. El Espíritu Santo viene a fortalecernos y animarnos. En realidad no sabemos orar como deberíamos, pero el Espíritu mismo intercede por nosotros. Acude a ayudarnos (ver Romanos 8:26). El orar en el Espíritu Santo nos fortalece.

De forma similar, Pablo tratando acerca del hablar en lenguas en forma privada y no pública dice: "El que habla en lenguas se edifica a sí mismo" (1 Corintios 14:4), añadiendo que en forma privada "hablo en lenguas más que todos ustedes" (1 Corintios 14:18). Así que al "orar con el espíritu" " (1 Corintios 14:15) nos involucramos más en el H.T.M. para fortalecernos más, en vez de ir hacia la complacencia. Pablo decidió no sólo orar en el Espíritu, sino también "cantar con el Espíritu" (1 Corintios 14:15). Pablo participaba deliberadamente en actividades inspiradas por el Espíritu Santo y gozaba de la presencia fortalecedora de Dios en su vida personal de manera regular. Él sabía que su cuerpo es templo del Espíritu Santo donde regularmente puede ocurrir alabanza inspirada por el Espíritu.

Juan dice: "Y nosotros hemos llegado a saber y creer que Dios nos ama" (1 Juan 4:16). ¿Sabes qué amor tiene Dios por ti? ¿Has "llegado a saber" esto? ¿Lo has creído? Tristemente muchos cristianos no pueden decir como el salmista "Una cosa sé, Dios está de mi parte." Algunos no sólo cuestionan el amor de Dios, también se preguntan si Dios se dispuso a estar en contra de ellos. Como el sirviente de "un talento" en la parábola, ven a su maestro como un "hombre duro" (Mateo 25:24) que trata de cosechar donde no ha sembrado. Él pide mucho. Es imposible de complacer. ¡Ser cristiano es muy difícil! ¿Quién puede tener contento a Dios? Él pide mucho. ¡Qué idea tan trágica y perversa! El hecho es que Dios está por mí. El Hijo de Dios me amó y se entregó por mí. Él hace que todas las cosas trabajen juntas para mi bien. Jesús vive intercediendo siempre por mí. ¡Dios no podría estar más por mí, si tratara de! Esto es asombrosamente cierto, ¡así que mantente en el amor de Dios!

Purifícate

El apóstol Juan nos da otro consejo H.T.M. Abrumado por el gran amor que el Padre nos ha dado llamándonos sus hijos, él contempla, además la asombrosa gracia de saber que cuando Él aparezca seremos como Él, porque lo veremos tal como Él es (ver 1 Juan 3:1,2). Juan añade: "Todo el que tiene ésta esperanza en Cristo, se purifica a sí mismo, así como él es puro" (1 Juan 3:3). ¿Se purifica a sí mismo? ¿Qué no le estamos siempre pidiendo a Dios que purifique nuestros corazones? Me encanta esta alabanza,

> Purificame, hazme como oro y hermosa plata
> Purificame como el oro puro
> Fuego de Dios, mi unico anhelo
> Es ser santo, ser apartado a Ti, Dios
> Elijo ser santo, ser apartado a Ti
> Mi maestro y hacer Tu voluntad

Brian Doerksen © 1990 Vineyard Songs (Canada)
Mercy/Vineyard Publishing Admin. in North
America by Music Services o/b/o Vineyard Music
Todos los derechos reservados. Usado con autorizacion.

Me atrae particularmente por su balance bíblico. Mientras la cantamos, le pedimos a Dios que haga su parte con su labor purificadora, pero también reconocemos nuestra responsabilidad por algo del H.T.M. "Escojo ser santo". La práctica de la santidad en realidad depende de que uno constantemente tome buenas decisiones. Las decisiones que tomes cada momento, cada día, revelan la clase de persona en que te has convertido y continuamente modelan la persona que llegarás a ser.

Tu carácter se forma con una decisión a la vez, conforme enfrentas las diversas circunstancias que vienen a tu camino. Como seguidor de Jesús, tus decisiones no deben basarse en pragmatismo o conveniencia, pero si en el agradar a Dios. Las decisiones correctas vendrán de convicciones interiores basadas en la Palabra de Dios, iluminadas por el Espíritu Santo y siempre motivadas por la gracia y no por la culpa. Gradualmente se irán formando buenos hábitos en tu vida y tu carácter. Las decisiones prácticas en la casa, en la cocina, en la recámara, frente a la televisión, en el lugar de trabajo, en el colegio, en las relaciones, en la forma de hablar, en el perdonar y ser misericordioso, comenzarán a moldear tu vida. Poco a poco, las buenas decisiones serán más fáciles de tomar. El carácter se forma por victorias secretas, basadas en convicciones bíblicas. No sólo sigas la corriente o lo que es aceptable como norma cristiana. Como dice Jerry Bridges, "Para lograr la santidad, una de las disciplinas en que debemos ser capaces, es el desarrollo de convicciones basadas en la Biblia. Si no buscamos someternos bajo la influencia de la palabra de Dios, terminaremos bajo la influencia de la pecaminosa sociedad en derredor de nosotros" (Jerry Bridges, *La Disciplina de la Gracia,* NavPress, 1994).

Las decisiones secretas de las que nadie más sabe acerca de dinero, uso del tiempo, televisión o el internet comenzarán a purificar tu corazón; las cosas que elijas como prioridades y cosas que decidas evitar. "Todo el que tiene ésta esperanza en Cristo," dice Juan "se purifica a sí mismo, así como él es puro" (1 Juan 3:3).

Es muy fácil no considerar la Biblia como la autoridad para guiar tu conducta personal. Puede ser tomado como un libro de promesas maravillosas o historias fascinantes o una historia pintoresca. Inclusive puede ser la base para una discusión de grupo, donde todos compartan su perspectiva sobre ciertos versículos. En particular, en nuestra generación postmodernista, no es raro que en un grupo de estudio de la Biblia, cada persona comparta lo que ciertos versículos significan para ella personalmente, sin ningún intento real y honesto de descubrir qué es lo que el texto en realidad significa y hacerlo el propósito determinado, el cambiar nuestras vidas de acuerdo a esto.

¡Una vida basada en convicciones bíblicas, tenderá a salirse del patrón aún en medio de un grupo cristiano! El mero adquirir comprensión de la doctrina bíblica, sin una aplicación personal a tu propia vida, puede guiar a un horrible orgullo. Hay un "pleno conocimiento de la verdad que es según la piedad" (Tito 1:1) pero también hay un conocimiento que sólo nos "envanece" (1 Corintios 8:1). Necesitamos aplicar las Escrituras a las situaciones de nuestra vida diaria, para poder desarrollar convicciones bíblicas y ser transformados.

No hacemos esto para ganar gracia delante de Dios. Más bien, porque la gracia de Dios fluye libremente, nosotros decidimos darle prioridad, concientes que la gracia no fluye para llevarnos a pasividad, sino a una respuesta gozosa y a asociarnos con la actividad interna del Espíritu Santo.

¡Todo lo que necesitamos para la vida!

Recuerdo vívidamente el día que leí por primera vez 2 Pedro 1 en la Nueva Versión Internacional. Este capítulo había sido uno de mis favoritos por largo tiempo, pero recuerdo particularmente la emoción que experimenté cuando me topé por primera vez con la traducción de la NVI de 2 Pedro 1:3 "Su divino poder… nos ha concedido todas las cosas que necesitamos para vivir como Dios manda." Me paré de mi escritorio y caminé la calle de ida y vuelta repitiendo esta frase vez tras vez. ¡Qué declaración! ¡Qué promesa tan magnífica para cada cristiano! A veces encontramos que la vida misma es un reto. La santidad parece estar totalmente fuera de nuestro alcance. Pero hay una promesa, ¡Él nos ha dado *todo lo que necesitamos* para la vida y la santidad! Pedro prosigue hablando de las maravillosas y preciosas promesas que Dios en su gracia nos ha dado, diciéndonos que a través de ellas escapamos de la corrupción del mundo y nos convertimos en coparticipes de su naturaleza divina. ¡Es un pasaje que te deja sin aliento!

Pero quizá, para nuestra sorpresa es seguido inmediatamente por algunos serios H.T.M. Habiendo recibido tal maravillosa gracia y tales promesas que te dejan sin aliento, no simplemente debemos relajarnos y permitir que Dios obre, sino que nos encontramos con ésta sorprendente apelación: "Precisamente por eso, esfuércense por añadir a su fe…" (2 Pedro 1:5). Necesitamos darle todo el peso a éstas dos frases. Primero "Precisamente por eso" es decir, porque te ha sido dado todo lo que necesitas y tienes promesas tan grandes. Dios ha sido tan bueno contigo. Te ha extendido tal impresionante favor. Esta es la *razón misma* a la que Pedro se refiere cuando te exhorta a seguir adelante. No porque sea tan difícil y haya tan poca esperanza o ayuda disponible para ti, sino porque tienes todo lo que necesitas.

La segunda frase es "esfuércense". Mucha gente pasa su vida cristiana decepcionada con su gozo o realización personal. Quizá caminen al frente al terminar la reunión, servicio tras servicio esperando que todos sus problemas se resuelvan cuando alguien ore por ellos. Nunca se les ha ocurrido que quizá la razón de su decepción, será que ellos simplemente no están obedeciendo la palabra de Pedro –¡" Esfuércense"! Ellos sólo se han vuelto letárgicos.

No seas un haragán

Otra vez, déjame enfatizar que éste esfuerzo es en respuesta a la inmensa gracia y el suministro de Dios de todo lo que necesitamos. Muchos cristianos se desaniman y desalientan, sólo porque no ponen en orden su mundo personal. No están haciendo el esfuerzo requerido. Recuerdo estar sorprendido cuando por primera vez vi en Proverbios que: "El perezoso ambiciona, y nada consigue" (Proverbios 13:4). ¡Nunca se me había ocurrido que el perezoso tenía ambiciones! El escritor de Proverbios tiene más discernimiento que yo. ¡El perezoso de hecho ansía cosas! ¡Muchos "si tan sólo" pasan por la mente indisciplinada del perezoso! Él quiere ser exitoso, pero no lo quiere lo suficiente para tomar acciones. "Esforzarse" no es parte de sus planes. Proverbios añade "Sobre sus bisagras gira la puerta; sobre la cama, el perezoso" (Proverbios 26:14). Derek Kidner comenta, "Está más que anclado en su cama. ¡Está unido a ella!" (Derek Kidner, *Proverbs*, IVP, 1972).

La gracia no es para producir cristianos horizontales con apego a sus camas. La gracia debe liberar. La gracia debe motivar. La gracia debe inspirar algunas acciones H.T.M confiando que podemos vencer, confiando que unas vidas previamente devastadas y arruinadas por el pecado, ahora liberadas pueden convertirse en algo para la gloria de Dios.

La gracia te libera para tomar acción. Ojo con distorsionar la gracia y fallar en entender su maravilloso poder libertador. Hay que tener cuidado con la pasividad y el culpar a Dios por cómo pasaron las cosas. Como dice el Dr. Martyn Lloyd-Jones:

> Mucha gente falla y se deprimen y se vuelven miserables, sólo porque ellos mismos no han tomado parte. Tendrás que hacerlo tú mismo. Nunca será hecho por ti, de hecho nadie más lo puede hacer por ti...ponte las pilas, no te arrastres por tu vida cristiana, camina a través de ella como deberías, con vigor y añade esa clase de fuerza y poder. No seas un cristiano lánguido que da la impresión de estar a punto de desvanecerse o desmayarse y que puede fallar en cualquier momento. (D Martyn Lloyd-Jones, *Spiritual Depression: Its Causes and Cure*, Pickering and Inglis, 1965)

Frecuentemente al pasar por aeropuertos, doy gracias por

las bandas móviles que se encuentran en ellos. Si tengo una maleta pesada, me gusta descansar y dejar que la banda me lleve junto con mi maleta. Sin embargo, muy frecuentemente, estas bandas se encuentran en el aeropuerto, antes del lugar donde uno recoge sus maletas, así que no hay necesidad de hacer una pausa. Puedo pasar de largo, estirando las piernas que han estado confinadas durante el viaje –y ¡qué ritmo puedo alcanzar si tomo ventaja del momentum que me da la banda!

Nunca he terminado de entender a aquellos que simplemente se paran en ellas a pesar de que no traen equipaje pesado que cargar. ¿Por qué estar estacionado cuando por hacer un esfuerzo puedes sacar ventaja de la provisión? ¡En ésas bandas hasta yo parezco rápido!

15

La gracia que no suelta

Una cosa maravillosa acerca de a gracia de Dios es que Dios nunca se da por vencido con nosotros. Sigue mostrando su bondad y favor, aún cuando nosotros nos hayamos dado por vencidos.

Este capítulo toma la historia de Elías, un hombre como nosotros, que se sume en las profundidades de la desesperación y desánimo, sólo para descubrir que, aún cuando haga su cama en el infierno, Dios está ahí para él y lo restaura totalmente.

Lee este capítulo y recibe el consuelo de la inmutable gracia de Dios para ti. Ve qué tan bondadoso fue Dios con Elías, su siervo descorazonado, y sé renovado en tu corazón, al descubrir algunos de los secretos de cómo Dios restaura a sus hijos.

La gracia que no suelta

Elías, nos dice: "era un hombre con debilidades como las nuestras" (Santiago 5:17). Debo confesar que él no se parece a nosotros. Quiero decir, la mayoría de las veces. La Biblia algunas veces da comentarios al introducir a sus héroes como detalles de su nacimiento, o cómo estaban preparados sus padres o sucesos importantes de su infancia. Sin embargo, Elías, parece aparecer de la nada. No hay registro de su pasado. Sólo llegó. Su introducción es la siguiente: "Ahora bien, Elías..." (1 Reyes 17:1). Parece que no viene de ninguna parte y después igual se va. Eventualmente desapareció al cielo. ¡Tal vez fue un astronauta o un ángel! No, Elías fue un hombre como nosotros, de carne y sangre, vulnerable y con necesidades.

En un momento era un gran héroe, parado confiadamente en el monte Carmelo llamando fuego del cielo; al siguiente era un hombre aterrorizado huyendo por su vida hacia el desierto. De repente, nos podemos identificar con él. Reconocemos las mismas tendencias humanas. Se transformó de ser una fuente de poder, a un temeroso ratón. Un minuto era valiente y al siguiente estaba aterrorizado; una vez preocupado con la gloria de Dios, después con salvar su vida; primero parado firmemente, después corriendo con temor; un momento haciendo historia, después irrelevante; una vez figura pública y visible, después escondido en el desierto; primero muy claro acerca de los asuntos, después totalmente confuso y suicida.

Entonces ¿en dónde fue que Elías se equivocó? Aquí estaba un hombre a quien Dios había entrenado para soportar la presión. "Dame a tu hijo" le dijo a la viuda durante el tiempo de su entrenamiento. "Vengan a mi" le dijo a la nación en el monte Carmelo. Elías buscaba la presión, ¿por qué de repente se colapsó bajo ella? Una cosa es segura: como Pedro en el lago, sus ojos deben de haberse alejado del Señor. Pero ¿por qué?

¡Enójate pero no peques!

Como seres humanos imperfectos, frecuentemente se nos dificulta el expresar enojo justificado. Alguien peca y le confrontamos, pero permitimos que nuestra hostilidad se haga cargo. Entonces en vez de amar al pecador y odiar el pecado, gritamos y condenamos a ambos. ¿Acaso Elías cayó en ésta trampa? Cuando retó a los sacerdotes de Baal, ¿acaso se salió de la ira santa de Dios hacia su propia ira y frustración?

Cuando tomas tu postura contra los males modernos, ten cuidado de no adoptar un espíritu crítico o de exponer tus frustraciones personales o tu odio escondido. Nunca olvides que Dios odia el pecado, pero ama al pecador. Quizá en ese momento de furia acumulada, Elías quitó sus ojos de Dios.

¿Orgullo antes de la caída?

Elías pasó tres años oculto del público. Todos sus milagros previos fueron hechos en privado, cerca de un arroyo escondido o en la humilde casa de una viuda. De repente, Elías no enfrentó más la reclusión, sino un abrumador triunfo público y vindicación. Inesperadamente un obscuro profeta se convirtió en el hombre más famoso de la tierra.

Quizá has estado escondido por un tiempo. Tal vez tu iglesia se estuvo reuniendo en la sala de una casa, pero ahora es la más grande de la ciudad. Tal vez has comenzado a dar palabras de conocimiento u oras por los enfermos. Ahora otros están comenzando a buscarte y estás teniendo reputación. ¿Cómo lo estas manejando? Una vez que comiences a tener popularidad, esto se te puede subir fácilmente a la cabeza.

El ministerio inicial de Elías se caracterizó por estar consciente de Dios, pero de repente en algún punto ¿se volvió consciente de sí mismo? Al correr frente al carruaje del rey pensaría "¡Acab, mírame! ¡Tengo motor!" Elías antes no había tenido un ministerio público, pero ahora era el centro de la atención. Tal vez el estar consciente de sí mismo, se convirtió en su trampa.

¿Sólo era que estaba exhausto?

Es posible que Elías estuviera simplemente agotado. Por tres años había vivido bajo la presión de una sequia que él había anunciado. Después vino la acumulación de emociones hacia el monte Carmelo, ya que las noticias viajaban despacio dentro de la nación, sin la ayuda de la radio o la televisión. Esto fue seguido por la emoción misma de ese día. Finalmente el darse cuenta que Acab y Jezabel estaban intactos y no habían cambiado. Elías estaba destrozado emocionalmente.

Probablemente había puesto todas sus esperanzas en la confrontación de Dios con los sacerdotes de Baal. "Esto hará que la nación cambie" habrá pensado. "Ahora todos adorarán a Dios". Después cuando Acab y Jezabel no mostraron señales de arrepentimiento, el tremendo milagro parecía no haber servido para nada y Elías se derrumbó.

La desilusión te puede drenar como ninguna otra cosa. Vamos a decir que decides ir a una cruzada evangelística especial. Algunos trabajan duro en un guión dramático; otros preparan música y secuencias de PowerPoint. Hay gente orando y ensayando duro, dándole todas sus energías para que el evento sea exitoso. Se imprimen folletos y se entregan en el vecindario. Para la noche todo está listo. Las expectativas son altas. Las puertas se abren – y un buen de gente entra. Como un amigo diría: "Esta cayendo otro."

Al siguiente domingo la iglesia se reúne como de costumbre. "Fueron noches excelentes, ¿no creen?" dicen todos. "Las actuaciones fueron preciosas" pero por dentro estás pensando: "Las actuaciones estuvieron bien, pero ¿dónde estaba todo el público? Trabajamos tan duro – la gente cuidando a los niños, los trajes, los ensayos. Pero ¿fue todo para nada?" y si se supiera la verdad, estás seco y profundamente decepcionado.

Podemos bien ser decepcionados por la gente más cercana y querida. En un matrimonio, la falta de reconocimiento es difícil de soportar. "Ella no me aprecia" dice el marido. "Estoy todo el día fuera, soportando la presión, haciendo importantes decisiones, batallando con tener el trabajo al día. Llego exhausto a la casa queriendo descansar, tomo el periódico y todo lo que ella hace es hablar sobre su día."

"Él no me aprecia" dice la esposa. "Estoy aquí, encerrada todo el día con los niños, cambiando pañales, lavando, planchando, limpiando, yendo de compras, cocinando…. 'Pedro, no agarres eso. Si Susana, es bonito. Santiago deja eso o se va a caer. Claro que se va a caer. ¡Se cayó! Deja de llorar sólo te duele un poquito.'… y después de un día de esto, mi marido llega, se tira en el sillón, toma el periódico y pregunta '¿Ya está lista la cena?' No se preocupa por mí. No entiende lo que pasó en todo el día. Todo lo que quiere es mi cuerpo. No me aprecia para nada." La decepción lleva a la amargura y hostilidad. El colapso espiritual no tarda en llegar.

Retrasos y dilemas

"La esperanza frustrada aflige al corazón" (Proverbios 13:12) como cualquiera que ha esperado a que se venda la casa o a que aparezca otro trabajo.

Frecuentemente puedes ver por qué las cosas te pasan. Está lloviendo fuerte. El camión se pasa de tu parada y corres fuertemente detrás de él. Se detiene, sube a dos personas y se arranca justo antes de que tú llegues. La lluvia te corre por el cuello y tu cara refleja una mezcla de dolor y desesperación. Te paras cansadamente en la parada del camión donde una mujer se te une.

> Mujer: Supongo perdimos el camión
> Tu: Si.
> Mujer: Vives por aquí, ¿verdad?
> Tu: Si, a la vuelta de la esquina.
> Mujer: Lo pensé, estoy segura que te he visto pasar por mi casa hacia esa iglesia.
> Tu: Si, soy miembro ahí.
> Mujer: Ah, ¿sí? Siempre parecen estar contentos, cuéntame más de eso.

Entonces entiendes por qué perdiste el camión. "Es un encuentro divino" te dices a ti mismo. "Me perdería un sin número de camiones por un encuentro divino."

Cuando entiendes la razón por la cual las cosas pasan, te pones contento. El problema reside cuando pasas 45 minutos en la parada del camión y nadie llega. O cuando vas al hospital y piensas: "Me gustaría testificarle a un paciente" pero estás tan enfermo que todo lo que puedes hacer es pedir un vaso de agua. "¿Cuál es el punto?" piensas y la perplejidad te roba tus fuerzas.

Vivir al ritmo de hoy

Cada generación se enfrenta en la vida a presiones, pero no cada generación ha tenido que enfrentarse al estrés como la nuestra. A donde quiera que vayas, encuentras gente luchando por mantenerse en la cima, empacando todo lo que se pueda en cada minuto disponible.

En base a estándares contemporáneos, el ritmo de vida en el tiempo que Jesús estuvo en la tierra era relativamente tranquilo. Si quería ir de un lugar a otro, tenía que caminar, montar o navegar. Hoy en día, un nuevo invento reemplaza al anterior y el ritmo de la vida es cada vez más rápido. Mi padre recuerda el primer carro que hubo en nuestro pueblo. Él estaba vivo cuando el Concorde rompió la barrera del sonido y el hombre caminó en la luna.

Los cristianos están tratando de glorificar a Dios en medio de esta experiencia frenética, que ha probado ser muy demandante para muchos que, como Elías, han sufrido un colapso en su interior. La generación computacional tiene severos dolores de cabeza. Dios ve esto con ternura y compasión.

Desierto

Algo hizo que Elías dejara de mirar al Señor, que huyera al desierto como un hombre abatido y asustado. Mientras corría los ojos de su joven siervo le cuestionaban, probaban su alma. "¿Qué haces Elías? Lo del monte Carmelo fue genial. Cayó fuego, luego vino la lluvia, pero ¿a dónde vas ahora?" Puedo oír a Elías decir: "Deja de mirarme así, no lo soporto. Tú te quedas aquí." Elías siguió solo. Algunas veces mientras huyes hay ojos a los que prefieres no mirar.

Dejando atrás a su siervo, Elías corrió a un desierto tanto físico como espiritual. Se sentó bajo la sombra de un arbusto y pidió morirse. Habiendo perdido todo sentido de propósito, se sintió condenado y sin valor. Fue entonces, estando más vulnerable, que el diablo maliciosamente lo llevó casi al suicidio.

"Estaría mejor muerto." Me pregunto cuántos hemos ido tan lejos. Una madre soltera, al punto de terminar su vida, sosteniéndose sólo porque se pregunta "¿qué les pasará a los niños si me mato?" Un hombre, desempleado por meses y meses, llega al punto de preguntarse: "Mi vida no tiene propósito, ¿por qué no mejor terminarla?" Una joven pareja sumidos en deudas y perseguida por abogados se preguntan: "¿Por qué estamos aquí? No podemos solucionar este problema. No hay futuro. Estaríamos mejor muertos."

El diablo viene a robar, matar y destruir. Aparece en escena cuando estás más débil porque es cuando tiene más probabilidades de tener éxito.

Elías estaba en el fondo. Pero Dios no contestó su oración suicida ni lo condenó por su actitud negativa. En vez de esto, lo trató con gran comprensión, ternura y compasión.

Cuando David estaba persiguiendo a los amalecitas, él y sus seguidores se toparon con un exhausto hombre en un campo. Le dieron comida y agua y le preguntaron por qué estaba ahí. Él respondió: "Soy egipcio—le respondió—esclavo de un amalecita. Hace tres días caí enfermo, y mi amo me abandonó" (1 Samuel 30:13).

El Amo de Elías fácilmente pudo haber hecho lo mismo. Si Dios fuera como nosotros, Elías habría sido despedido. "Este es un ex – profeta, Tráiganme a Eliseo", pero así no es el estilo de Dios. Cuando Elías se quedó sin gasolina, ¡se encontró directamente con la gracia! Y la gracia nunca se da por vencida, nunca ignora y nunca se retracta. Cuando las personas heridas se encuentran con la gracia, corren a los brazos de Dios, quien sabe exactamente qué hacer.

Refrigerio natural

Antes de darle instrucción espiritual, Dios recordó que Elías necesitaba descanso, comida y tiempo, así que le dio las tres cosas antes de decir una sola palabra.

El Dios de la Biblia "en verdes pastos me hace descansar... me infunde nuevas fuerzas" (Salmo 23:2-3) y "concede el sueño a sus amados" (Salmo 127:2). Frecuentemente podemos pensar que el relacionarnos con Dios es un frenesí de oración, ayuno y evangelización, pero esto no es cierto. Debemos conocer al Dios que nos permite descansar en verdes pastos y nos proporciona sueño.

Habiendo dormido profundamente, Elías se despertó al ser tocado por un ángel que le había preparado de comer. Habiendo dado descanso al profeta, Dios le proveyó de alimento. El Señor sabe lo que nuestro cuerpo necesita. Él creó estas necesidades y Él las suple. Ojo con la super-espiritualidad que sólo mira por la respuesta sobrenatural e ignora el lado humano, incluyendo un buen descanso y comida nutritiva.

`Es más, la comida se la sirvió un ángel. Cuando Elías estaba en el centro de la voluntad de Dios, fue alimentado por pedacitos de comida llevada por cuervos. Cuando corrió por su vida, desobediente y abatido, Dios no envió a otro cuervo pero comisionó a un ángel. ¡Esto es gracia!

El diablo nos dice que cuando le fallamos a Dios, debemos sufrir por ello. ¡Qué mentira! Cuando fallamos, Jesús no nos mantiene lejos. Al contrario, Él viene a nosotros. ¿Acaso Jesús rechazó a Pedro después de que este dijo maldiciones y juró que no lo conocía? No. Después de la resurrección, Jesús se paró a la orilla del mar y llamó a los discípulos que estaban en la barca "Vengan a desayunar" (Juan 21:12). No dijo: "Pedro, como me rechazaste no puedes venir con nosotros". El buen Pastor estaba amorosamente reuniendo nuevamente a su rebaño. Los discípulos habían estado toda la noche en la barca. Necesitaban comer y Jesús estaba ahí para proveerles. También Elías había estado trabajando duro. ¡También necesitaba refrigerio y Dios estaba ahí para dárselo!

Una vez que Elías había comido y dormido, Dios no lo acorraló de inmediato. Lo dejó correr. Le dio espacio al profeta para que pudiera sacar todo de su sistema. Era libre de trabajar y sacar toda la tensión.

De regreso a lo básico

Ya refrescado por el Señor, Elías no corría sin rumbo hacia el desierto. Él corrió de regreso a sus raíces, a Horeb, donde Dios le había hablado de principio a Moisés desde la zarza ardiente y había hecho pacto con los israelitas, dándoles los Diez Mandamientos. Elías volvía a sus fundamentos.

Cuando estás perplejo y desilusionado debes correr hacia las cosas que tú sabes son verdaderas. No te quedes en el desierto. Recuerda los fundamentos de tu fe. Recuérdate a ti mismo las cosas que sabes. ¿No dijo Jesús "Yo estoy contigo siempre"? ¿No es Él el mismo ayer, hoy y siempre? ¿Por qué le permito a la vida que me sacuda? ¿Por qué estoy viviendo como si pisara arena? Necesito regresar a la roca. Muchas cosas que no entiendo me han pasado, pero esto si sé: Dios es mi fortaleza.

No estás siguiendo una filosofía abstracta o tratando de ser religioso. Tú estás en una relación de pacto con un Dios que actúa y es un amigo fiel a quien puedes recurrir. No pierdas el tiempo en el desierto. Vuélvete hacia tu Dios de pacto que no te fallará.

Identidad y rendición de cuentas

Ahora Elías está listo para oír de Dios. Ha descansado, ha sido nutrido y ha regresado a las raíces de su fe. Dios lo encontró con una pregunta "¿Qué haces aquí, Elías?"

Elías había llegado al lugar donde podía reconocer que estaba desesperado y desamparado, era tal el lio emocional, que igual era que estuviera muerto. En claro contraste, Dios le recordó "No. Tú eres Elías. No eres un Don Nadie. Tú eres una persona, tienes un nombre y una historia. No sólo eso, tú eres mi siervo. Tú me rindes cuentas a mí, así que, ¿qué estás haciendo aquí?" Dios sabía que los pensamientos de Elías acerca de sí mismo no eran verdaderos. Sí, había huido pero no era un caos sin esperanza. Él era un siervo de Dios y Dios quería que él se reconociera con la dignidad de su identidad.

Dios quiere que tú sepas que tú no eres, como muchos filósofos modernos sugieren, simplemente un montón de emociones y pensamientos que suceden uno tras otro. Una masa de emociones no tiene identidad, pero tú sí, y con la identidad viene la rendición de cuentas. Un día, te pararás ante Dios y rendirás cuentas de lo que hiciste con tu vida, cómo usaste los talentos que Dios te dio. El conocer esta verdad debería sacarte del letargo y la complacencia que inundan tu alma después de un período de desaliento.

Ten cuidado del peligro de estar tan atado por la autocompasión, que pierdas el temor santo hacia Dios y dejes de servirlo. Para algunos, ésta medicina es difícil de tomar pero finalmente traerá sanidad. Dios primero le dio a Elías descanso, comida y espacio y después le preguntó: "¿Qué haces aquí?" Lo hizo enfrentarse a su realidad.

Intimidad

Después de este impresionante despliegue de poder, que

rasgó las montañas y destrozó las piedras, Dios se acercó a Elías con un suave murmullo. No fue el magnífico despliegue de poder que atrajo a Elías a la entrada de la cueva, sino la suave voz que le habló de la ternura de Dios y de su amor que nos recuerda del testimonio del Rey David "tu bondad me ha hecho prosperar" (Salmo 18:35). El rendirle cuentas a Dios debe estar acompañado de intimidad con Él, porque recibiremos su sanidad y restauración sólo cuando ambas sucedan juntas. Debemos oír la voz que pregunta "¿Qué estás haciendo aquí?" pero también debemos tener nuestros oídos atentos, al suave murmullo que dice: "Tú eres precioso para mí. Sé lo que está sucediendo." Esto nos lleva a enamorarnos tiernamente y regresar a los propósitos de Dios.

Dios no está interesado solamente en cómo le puedes servir. Él quiere que oigas claramente su suave murmullo, "Te amo. Yo estoy por ti. Conozco tus suspiros, tus deseos, lo que rompe tu corazón. Sé lo que has estado haciendo para mí y que poco has sido apreciado. Oigo cuando clamas en desesperación." Es un gentil susurro que derrite tu corazón.

David dijo: "me libró porque se agradó de mí" (Salmo 18:19). Esta es una de las más grandes verdades de la Biblia. Dios se deleita en ti. Cuando Dios susurra en tu oído "Me deleito en ti" casi que es demasiado para soportar.

Una vez busqué "deleite" en el diccionario. Decía "gran placer y satisfacción", pero ¡yo no estaba muy agradecido o satisfecho con esto! Así que lo busqué en otro diccionario. Esto es lo que encontré: "reír, sonreír, abrazarse a sí mismo, hablar con entusiasmo, disfrutar, revolcarse, tener alegría, saborear, regocijarse, morir de emoción, encantar, embriagar, encandilar, ronronear." ¿No es esto maravilloso? Cuando Dios te mira a ti, ¡Él ronronea con placer!

¿Alguna vez te has enamorado? Estás en un lugar lleno de gente y de repente te das cuenta, "¡Ella me miró!". La Biblia dice "Cautivaste mi corazón, hermana y novia mía, con una mirada de tus ojos…cautivaste mi corazón" (Cantar de los Cantares 4:9). O ¿has visto a unos padres con su primer bebé? "¿No es hermoso? ¿Verdad que se parece a mí? ¿Viste eso? Fue su primera sonrisa." Dios ronronea sobre su pueblo de la misma manera.

¿Cómo encuentro sanación del agotamiento? En el suave murmullo del Señor, "Te amo, me deleito en ti. Haces que mi corazón cante cada vez que te veo." Esto es lo que ha cautivado a grandes cristianos a través de la historia y eso es lo que restaura tu alma – una fresca experiencia de intimidad con Dios y una nueva revelación de su gracia.

Comisión

Dios atrajo a Elías cerca de sí. Entonces, para completar la restauración del profeta, le dio un trabajo que hacer. Hizo lo mismo con Pedro, quien debe haber pensado, "Después de lo que he hecho, Jesús nunca más confiará en mi." Pero Jesús, habiendo restablecido la relación amorosa con su discípulo, le dijo "Apacienta mis ovejas." Pedro debe haberse sorprendido al oír que le repetía tres veces esas palabras para que él realmente entendiera el mensaje "Todavía deseo utilizarte." Poco sabía que tan grandiosamente sería usado.

"Regresa por el mismo camino" le dijo Dios a Elías (1 Reyes 19:15) y continuó, "Cuando llegues allá..." No era una comisión vaga, algo así como una palmada en la cabeza y un comentario general "Ya te vas, encontrarás tu camino de alguna manera." No, había un trabajo específico para que Elías llevara a cabo. Yo supongo que en su desolación, él pensó: "Estoy terminado. Seguramente no voy a volver a hablar con un rey jamás." De hecho, ¡la nueva comisión de Elías no consistió meramente en hablar con el rey, pero en ungir a dos! (ver 1 Reyes 19:15,16). ¡Además mientras que él había llegado a considerar su vida como despreciable, Dios la consideró con valor para ser reproducida! Le iba a dar un discípulo – Eliseo. Algunos comentaristas dicen que los profetas pasaron diez años trabajando juntos. Un fracaso no destruyó las excelentes características que Dios había edificado en Elías, como no lo harán los sentimientos de desolación que has experimentado recientemente, no nulifican todo lo que Dios te ha enseñado al paso de los años.

"Además", Dios le estaba diciendo a su siervo "has estado solo demasiado tiempo, así que te estoy dando un amigo, alguien a quien puedas cuidar y entrenar para que se haga cargo después de ti. Contrario a lo que tú piensas, tu ministerio no ha terminado. Quiero que dejes de pensar en ti y te concentres en Eliseo. Él no sabe tanto de mí como tú. Quiero que te des a él, ora por él y enséñale todo lo que tú sabes".

Dios tiene una maravillosa forma de traer sanidad a la gente cansada. Si te apartas de Él, Él no te abandona. No importa lo que hagas, tú siempre serás su hijo en quien Él se deleita. Lo que piensa acerca de ti nunca ha cambiado y nunca cambiará. ¡De eso se trata la gracia! ¡Y Elías era un hombre como nosotros!

16

Gracia futura

Aun cuando nuestra vida actual sea completa, podemos anticipar que vendrá más gracia de nuestro Dios lleno de gracia. De hecho, lo mejor está aún por venir. Todas las limitaciones serán removidas. Nuestro tiempo de gemir y anhelar ser completos, se terminará y entraremos a la llenura de su abundante gracia.

La creación misma será liberada de su futilidad y avanzará a su glorioso destino final.

Sabiendo y anticipando éstas certezas, nos libera a vivir vidas libres de carga, mientras damos a conocer la gracia de Dios a ésta generación y vamos a contar al mundo lo que Él ha hecho.

Gracia futura

Como si todo lo que hemos visto no fuera suficiente, ¡hay más gracia por venir! Pedro dice: "pongan su esperanza completamente en la gracia que se les dará cuando se revele Jesucristo" (1 Pedro 1:13). La gracia de Dios nunca se agotará, aún cuando "hayamos estado allá diez mil años", como dice el famoso himno de Newton.

¿Qué futura gracia puedes anticipar? El hecho es que tu salvación presente está incompleta. Vivimos entre los tiempos, "ahora" y "todavía no". Aún *ahora* somos hijos de Dios, pero *todavía no* parece lo que debemos ser (ver 1 Juan 3:2, itálicas mías). Como dice John Stott: "Es fundamental para el Cristianismo Neo Testamentario ésta ambigüedad de la iglesia". Vivimos entre tiempos, entre lo que Él hizo cuando vino y lo que hará cuando venga de nuevo, entre el reino aquí y el reino que viene, entre el "ahora ya" del reino inaugurado y el 'todavía no' del reino consumado" (John Stott, *Calling Christian Leaders*, IVP, 2002).

De hecho, Pablo habla de nuestra frustración en éste tiempo presente, el cual se caracteriza no sólo por la impaciencia ¡pero también por el gemir! Estamos gimiendo, esperando a ser totalmente glorificados. "Y no sólo ella, sino también nosotros mismos, que tenemos las primicias del Espíritu, gemimos interiormente, mientras aguardamos nuestra adopción como hijos, es decir, la redención de nuestro cuerpo" (Romanos 8:23).

Esperamos con gemidos mezclados con ansiosos anhelos, y de este modo estamos a tono con toda la creación. La creación gime y aguarda con ansiedad la revelación de los hijos de Dios (ver Romanos 19-22). El prospecto de gracia futura es sorprendente. Dios con su gracia, nos transformará completamente a la imagen de su glorioso Hijo. ¡La culminación de nuestra salvación no es la santificación sino la glorificación!

Este será tal evento épico que toda la creación está parada de puntitas esperando ver la revelación completa de los hijos de Dios (ver Romanos 8:19). La creación es mostrada como una mujer embarazada, gimiendo con dolores de parto y ansiando la llegada del día, en el cual no sólo traerá a los Hijos de Dios toda su gloria, sino que también dará fin a la larga noche de la creación, a su esclavitud a la futilidad. De alguna forma el futuro de la creación está entretejido con el futuro de la iglesia.

El dolor de la creación no es por azar. Los dolores de parto apuntan en anticipación a un glorioso evento. Jesús habló de terremotos y guerras, describiéndolos como el principio de los dolores. Debido a la caída de la humanidad, la misma creación está distorsionada, maldita y fútil, pero en la venida de Cristo no sólo nosotros seremos liberados, pero "la creación misma ha de ser liberada de la corrupción que la esclaviza, para así alcanzar la gloriosa libertad de los hijos de Dios" (Romanos 8:21).

A pesar de que en esta vida, ya fuimos recipientes de la gracia de Dios, mucho más nos aguarda. Lo que tenemos ahora no es todo el panorama. De hecho, en comparación, Pablo escribe "Si la esperanza que tenemos en Cristo fuera sólo para esta vida, seríamos los más desdichados de todos los mortales" (1 Corintios 15:19). Prosigue a comparar nuestra vida actual y nuestra vida futura en términos familiares de la naturaleza, como la semilla y la flor. En la muerte plantaremos un cuerpo corruptible y se levantará uno incorruptible, plantado en debilidad pero levantado en poder, sembrado un cuerpo natural pero levantado un cuerpo espiritual. "Porque lo corruptible tiene que revestirse de lo incorruptible, y lo mortal, de inmortalidad" (1 Corintios 15:53).

La terminación de la obra salvadora de Dios se encuentra frente a nosotros. Mantén tu esperanza firme en la gracia futura y te hará libre de los temores de corto plazo y aún de las amargas decepciones y del dolor. Pablo nos dice: los sufrimientos ligeros y efímeros que ahora padecemos, producen una gloria eterna que vale muchísimo más que todo sufrimiento (ver 2 Corintios 4:17). Se dice que la madre Teresa de Calcuta decía que ¡la vida vivida en este tiempo parecerá como pasar una noche en un hotel de dos estrellas!

Sin ninguna duda, fue la certeza de la gracia futura que liberó una gloriosa fe y un gozo sobreabundante en los corazones de los mártires a través de las épocas, como se ilustra en la historia relativamente reciente de los famosos "campos de la muerte" de Camboya.

> El lugar era sombrío y tenía muchos horribles signos de ser un lugar de ejecuciones. Un olor enfermizo a muerte colgaba en el aire. Los curiosos aldeanos se medio escondían en la maleza cercana y veían la rutina familiar mientras que a la familia se le ordenaba cavar una tumba grande para sí mismos. Consintiendo a la petición de Haim, les dieron un momento para prepararse antes de morir. El padre, madre e hijos se tomaron de las manos y se hincaron alrededor del hoyo. Con fuertes gritos a Dios, Haim comenzó a exhortar tanto al Khmer Rouge como a todos aquellos que venían alrededor a arrepentirse y creer en el evangelio.

> Entonces, en total pánico uno de los jóvenes hijos de Haim se puso de pie y salió corriendo hacia la maleza y

desapareció. Haim brincó y con sorprendente tranquilidad y autoridad le dijo al Khmer Rouge que no persiguiera al muchacho pero que le permitieran a él, llamarlo y hacerlo volver. Los grupos de mirones viendo desde los árboles, el Khmer Rouge y su sorprendida familia que aún estaba arrodillada cerca de la tumba, miraron con asombro mientras Haim comenzó a llamar a su hijo suplicándole que regresara a morir junto con su familia.

"¿Que comparación hay, hijo mío," le decía "entre robarte unos días más de vida en la selva, como fugitivo, solo y desposeído, a unirte con tu familia aquí momentáneamente alrededor de ésta tumba pero pronto, alrededor del trono de Dios, libres para siempre en el Paraíso?" Después de unos tensos minutos, la maleza se abrió y el joven llorando caminó despacio hacia su lugar con la familia hincada. "Ahora estamos listos para irnos" le dijo Haim al Khmer Rouge.

Pero ésta vez no había un sólo soldado que tuviera el corazón para levantar su azadón para dar el golpe mortal a estas nobles cabezas. Finalmente tuvo que ser hecho por el líder del Khmer Rouge, que no había estado presente durante el suceso. Pero muy pocos de los que estaban mirando dudaron que al caer cada uno de los cuerpos de estos cristianos silenciosamente al foso cavado por ellos mismos, sus almas estuvieran levantándose al cielo, a un lugar preparado por su Señor. (Don Cormack, *Killing Fields, Living Fields,* Monarch Books/OMF International 1997).

La restauración de todas las cosas

La gracia de Dios no sólo nos guiará a casa sin peligro, sino que nos llevará a una gloria completa, una salvación que no sólo completará nuestras historias individuales y peregrinaciones, sino que también traerá todas las cosas a sujeción de Cristo. Cuando Él aparezca, nosotros no desapareceremos, sino que ¡apareceremos con Él en gloria! Él vendrá para ser glorificado en sus santos y admirado por ellos, en medio de todo aquel que cree (ver 2 Tesalonicenses 1:10).

Pedro estaba muy emocionado al hablar de Cristo, "es necesario que él permanezca en el cielo hasta que llegue el tiempo de la restauración de todas las cosas" (Hechos 3:21). El gran triunfo de Dios, es que todas las cosas serán restauradas. La creación misma está incluida en el plan final de Dios. El salmo 96:11-13 nos dice "¡Alégrense los cielos, regocíjese la tierra! ¡Brame el mar y todo lo que él contiene! ¡Canten alegres los campos y todo lo que hay en ellos! ¡Canten jubilosos todos los árboles del bosque! ¡Canten delante del Señor, que ya viene! ¡Viene ya para juzgar la tierra! Y juzgará al mundo con justicia y a los pueblos con fidelidad." Cuando venga a juzgar, de alguna manera la creación misma aplaudirá; los arboles, las montañas, los campos celebrarán.

La Biblia testifica la plena recuperación de toda la creación. Será glorioso nuevamente. La tierra será llena del conocimiento del Señor como las aguas cubren el mar. ¡El paraíso perdido será finalmente un paraíso recuperado! "El lobo vivirá con el cordero, el leopardo se echará con el cabrito, y juntos andarán el ternero y el cachorro de león y un niño pequeño los guiará" (Isaías 11:6). Alec Motyer dice: "Hasta un niño pequeño podrá ejercitar el dominio que originalmente le fue dado al hombre" (Alec Motyer, *The Prophecy of Isaiah*, IVP, 1993).

¡Qué día será aquel! Es tan difícil de imaginar el nuevo cielo y la nueva tierra. Ojo no lo ha visto ni oído lo ha escuchado, ni ha entrado en el corazón del hombre aquello que Dios ha preparado para los que le aman. Pero sobretodo Él morará entre nosotros. Seremos su pueblo y Él será nuestro Dios. No necesitaremos del sol ni de la luna porque el Señor será nuestra luz y le miraremos cara a cara.

El anhelo de su pueblo a través de los siglos será totalmente satisfecho: La oración de Moisés para ver su gloria, el anhelo del salmista de mirar su cara y el de Pablo por conocerlo, por lo que tenía todo por pérdida. Entonces le conoceremos como somos conocidos. El perfecto vendrá. Le veremos tal como es y seremos cambiados para ser como Él.

El apóstol Juan, exiliado en la isla de Patmos tuvo el privilegio de ver los cielos abiertos. Una imagen extraordinaria reemplazaba a otra, hasta que al final de nuestras Biblias leemos sus maravillosas palabras,

> Después vi un cielo nuevo y una tierra nueva, porque el primer cielo y la primera tierra habían dejado de existir, lo mismo que el mar. Vi además la ciudad santa, la nueva Jerusalén, que bajaba del cielo, procedente de Dios, preparada como una novia hermosamente vestida para su prometido. Oí una potente voz que provenía del trono y decía: "¡Aquí, entre los seres humanos, está la morada de Dios! Él acampará en medio de ellos, y ellos serán su pueblo; Dios mismo estará con ellos y será su Dios..." (Apocalipsis 21:1-3)

Necesitamos volver a pensar sobre nuestro concepto de volar a una esfera sobrenatural en algún lado del cielo. Como dice Bruce Milne "El cielo no es tanto un nuevo mundo 'allá arriba' sino un nuevo mundo 'aquí abajo'" (Bruce Milne, *The Message of Heaven and Hell*, IVP, 2002).

El Dr. Martyn Lloyd-Jones también retó la teología de un antiguo himno que dice,

> En el océano de tu amor,
> Nos perdemos en el cielo superior.

En vez de esto, él argumentó "Los redimidos vivirán en cueros glorificados, en una tierra glorificada bajo unos cielos glorificados" (Dr. Martyn Lloyd-Jones, *The Final Perseverance of the Saints*, Romans 8:17-39, Banner of Truth Trust, 1975).

Juan vio la ciudad santa, la nueva Jerusalén, que bajaba del cielo, libre de todo lo que corrompe y Dios mismo morando en ella. La comunidad del cielo tocará la tierra; el gran anhelo de Dios de morar entre su pueblo será totalmente satisfecho al venir entre sus hijos completamente redimidos y glorificados.

Mientras que quita toda lágrima, la ciudad de Dios será inundada con su gozo y paz y "se alejarán la tristeza y el gemido" (Isaías 35:10). La muerte, nuestro último enemigo, será totalmente derrotada y nosotros estaremos con el Señor para siempre.

Finalmente el pueblo redimido del Señor tendrá toda su herencia. La ciudad de Dios brillará con la gloria de Dios y por fin se nos será permitido contemplar su radiante majestad en la presencia del Señor. La oración de Jesús que pudiéramos estar donde Él está, para "que vean mi gloria" (Juan 17:24) será cumplida.

Las anteriores vislumbres de la gloria de Dios que invadieron el tabernáculo y el templo, serán sobrepasadas y eclipsadas. Los hombres y mujeres de carne y hueso no podían estar ante su presencia cuando aparecía en su gloria Shekinah, pero nosotros en nuestros cuerpos glorificados estaremos sorprendentemente "en casa" compartiendo de esa gloria. Veremos el trono de su majestad. Seremos invitados a comer del árbol de la vida. Estaremos donde el río de vida fluye y veremos su rostro.

Sobre todo lo demás, seremos conocidos como la novia de Cristo. ¡Estamos invitados no sólo a una reunión de "graduación" o a una "ceremonia de recompensa", sino a un banquete de bodas! Y no venimos sólo como testigos o amigos de la novia o del novio, sino como participantes, especialmente seleccionados y en quien se deleita, una novia sin mancha ni arruga o ninguna cosa de ésas, el gozo de su corazón, la recompensa de su sufrimiento.

¡Que gloria futura a anticipar! El Espíritu Santo se nos ha dado como anticipo, garantía, enganche. Aún ahora, como adelanto podemos tocar algo de la gloria futura, pero en aquella hora lo parcial será reemplazado por el cumplimiento.

La gracia te hace libre

También eres liberado para vivir peligrosamente en el presente. No necesitas vivir como otros que no tienen esperanza. No necesitas acumular riquezas ni poner tu seguridad en riquezas inciertas. No necesitas abrazar valores ni metas de corto plazo, tomar precauciones y evitar el peligro. Puedes difundir el mensaje de la gracia pródiga de Dios a un mundo ciego y que está sufriendo, sabiendo que Él, que tiene la historia del mundo en sus manos está contigo. Él nos recibirá en gloria con gran gozo, una esposa sin mancha, sin falta. El banquete está preparado. El novio viene pronto. Nosotros que no tenemos nada que nos recomienda y todo para estar descalificados, estamos invitados a entrar y participar de la consumación de todos los tiempos.

La gracia te libera del miedo de ser condenado. Previene a la iglesia de ser introvertida y de preocuparse con un libro de normas religiosas. La gracia te asegura que Dios te ha aceptado totalmente, siempre te ha amado y siempre lo hará. Estás a salvo y eres libre.

Dios te llama a surgir y brillar, a ponerte tus preciosos vestidos. No sólo eso, sino que te llama a ir a las naciones con buenas nuevas, capturando la pasión evangelística del famoso himno de Charles Wesley

> ¡Oh, que el mundo pueda probar y ver
> Las riquezas de Su gracia!
> Los brazos de amor que me rodean
> Abracen a toda la humanidad

La gracia nunca lleva a la pasividad, sino a una escandalosa aventura, un estilo de vida que desconcierta a los que no toman riesgos. Reta al estatus quo no sólo de la religión, sino también del incrédulo cínico. Libera a la iglesia a arriesgar el todo por la alabanza, a Él que dio todo por nosotros.

Una historia favorita mía sobre un misionero, es la biografía de los jóvenes mártires americanos John y Bety Stam, quienes fueron despachados a la gloria por la espada de un soldado comunista chino en diciembre de 1934 mientras su pequeña hija fue salvada milagrosamente (ver Mrs. Howard Taylor, *El triunfo de Juan y Bety Stam*, Filadelfia: Misión al interior de China, 1960). Un poema escrito por otro misionero de la misión al interior de China fue enviado por John Stam a sus padres. Les fue entregado el mismo día que recibieron la noticia de la muerte de Juan y Bety. Este ilustra nuestra gloriosa libertad en luz de la aseguranza de la gracia futura.

Juan escribió que él sabía claramente el peligro que los amenazaba, pero añadió que no tenía miedo y que les enviaba un poema que expresaba totalmente sus sentimientos.

¿Miedo? ¿De qué?
¿De sentir la grata liberación de tu espíritu?
¿El pasar de dolor a paz perfecta?
¿La lucha y tensión de la vida cesar?
¿Miedo? – ¿De eso?

¿Miedo? ¿De qué?
Un relámpago – un accidente – un Corazón traspasado;
Obscuridad – luz – ¡el arte del cielo!
Una herida de Él, ¡su contraparte!
¿Miedo? – ¿De eso?

¿Miedo? ¿De qué?
Hacer por la muerte lo que la vida no pudo –
Bautizar con sangre una parcela de piedra,
¿Hasta que las almas florezcan en ese lugar?
¿Miedo? – ¿De eso?

¿Miedo? ¿De qué?
Miedo de ver la cara del Salvador
De oír su bienvenida y trazar
La gloria de las heridas de su gracia?
¿Miedo? – ¿De eso?

(inédito)

Seguros de ser aceptados por Dios a través de su maravillosa gracia, podemos ir sin temor a las naciones que esperan. "Y éste evangelio del reino se predicará en todo el mundo como testimonio a todas las naciones, y entonces vendrá el fin" (Mateo 24:14). La obra mundial de la gracia se logrará. Alrededor del trono de Dios, cada nación, tribu y lengua estará representada. Las edades eternas estarán frente a la presencia del rey lleno de gracia.

"¡Al único Dios, nuestro Salvador, que puede guardarlos para que no caigan, y establecerlos sin tacha y con gran alegría ante su gloriosa presencia, sea la gloria, la majestad, el dominio y la autoridad, por medio de Jesucristo nuestro Señor, antes de todos los siglos, ahora y para siempre! Amén" (Judas versículos 24-25).

Bibliografía

Bridges, Jerry, *The Discipline of Grace*, NavPress, 1994
Carson, D A, *A Call to Spiritual Reformation*, Baker, 1992
Carson, D A, *The Cross and Christian Ministry*, Baker, 1993
Carson, D A, *The Gospel According to John*, Eerdmans, 1991
Cormack, Don, *Killing Fields, Living Fields,* Monarch Books/ OMF International, 1997
Fee, Gordon D, *God's Empowering Presence*, Hendrickson, 1994
Fee, Gordon D, *Paul's Letter to the Philippians*, NICNT, Eerdmans, 1995
Hays, Richard B, *The Moral Vision of the New Testament*, T & T Clark, 1997
Hodge, Charles, *The First Epistle to the Corinthians*, Banner of Truth, 1959
Kidner, Derek, *Proverbs*, IVP, 1972
Lloyd-Jones, D Martyn, *Romans: The New Man, An Exposition of Chapter 6*, Banner of Truth Trust, 1972
Lloyd-Jones, D Martyn, *Spiritual Depression: Its Causes and Cure*, Pickering and Inglis, 1965
Lloyd-Jones, D Martyn, *The Final Perserverance of the Saints, Romans 8:17-39*, Banner of Truth Trust, 1975

Lloyd-Jones, D Martyn, *The Law, Romans 7:1 – 8:4*, Banner of Truth Trust, 1973

Miline, Bruce, *The Message of Heaven and Hell,* IVP, 2002

Moo, Douglas, *The Epistle to the Romans, NICNT,* Eerdmans, 1996

Motyer, Alec, *The Prophesy of Isaiah*, IVP, 1993

Peterson, Eugene H, *The Message: The Bible in Contemporary Language*, NavPress, 2002

Phillips, J B, *Letters to Young Churches*, Fontana, 1947

Piper, John, *Future Grace*, Multnomah, 1995

Schreiner, Thomas R, *Paul, Apostle of God's Glory in Christ*, IVP, 2001

Stott, John, *Calling Christian Leaders,* IVP, 2002

Taylor, Mrs Howard, *The Triumph of John and Betty Stam*, Philadelphia: CIM, 1960

Wright, N T, *The Climax of the Covenant*, T & T Clark, 1991

Nuevas Fronteras

Una familia de iglesias en el mundo, juntos en una misión para establecer el reino de Dios restaurando la iglesia, haciendo discípulos, entrenando lideres y plantando iglesias.

Para más información visita:

www.newfrontierstogether.org
www.nuevasfronteras.org

www.ingramcontent.com/pod-product-compliance
Lightning Source LLC
Chambersburg PA
CBHW031247290426
44109CB00012B/471

9 780981 480398